MARCO POLO

OSLO

MARCO POLO AUTOREN

Thomas Hug und Jens-Uwe Kumpch

Der eine ist Schweizer, der andere Norddeutscher. Der Liebe wegen landeten beide in Norwegen, Thomas Hug (o.) in Oslo, Jens-Uwe Kumpch (u.) in Bergen. Sie kennen sich von Rechercheреisen, teilen ihre Begeisterung für das Land. Thomas arbeitet u. a. für Onlinemedien und den Hörfunk, Jens-Uwe als Übersetzer und Buchautor. Bei der gemeinsamen Arbeit haben sie viel Neues in Oslo entdeckt.

REIN INS ERLEBEN

Mit dem digitalen Service von MARCO POLO sind Sie noch unbeschwerter unterwegs: Auf den Erlebnistouren zielsicher von A nach B navigieren oder aktuelle Infos abrufen – das und mehr ist nur noch einen Fingertipp entfernt.

Hier geht's lang zu den digitalen Extras:

http://go.marcopolo.de/osl

Touren-App

Ganz einfach orientieren und jederzeit wissen, wo genau Sie gerade sind: Die praktische App zu den Erlebnistouren sorgt dank Offline-Karte und Navigation dafür, dass Sie immer auf dem richtigen Weg sind. Außerdem zeigen Nummern alle empfohlenen Aktivitäten, Genuss-, Kultur- und Shoppingtipps entlang der Tour an.

HTTP://GO.MARCOPOLO.DE/OSL

Update-Service

Immer auf dem neuesten Stand in Ihrer Destination sein: Der Online-Update-Service bietet Ihnen nicht nur aktuelle Tipps und Termine, sondern auch Änderungen von Öffnungszeiten, Preisen oder anderen Angaben zu den Reiseführerinhalten. Einfach als PDF ausdrucken oder für Smartphone, Tablet oder E-Reader herunterladen.

6 **INSIDER-TIPPS**
Von allen Insider-Tipps finden Sie hier die 15 besten

8 **BEST OF ...**
- Tolle Orte zum Nulltarif
- Typisch Oslo
- Schön, auch wenn es regnet
- Entspannt zurücklehnen

12 **AUFTAKT**
Entdecken Sie Oslo!

18 **IM TREND**
In Oslo gibt es viel Neues zu entdecken

20 **FAKTEN, MENSCHEN & NEWS**
Hintergrundinformationen zu Oslo

26 **SEHENSWERTES**
28 Stadtmitte
34 Kvadraturen
38 Frogner
42 Osten
47 In anderen Vierteln
47 Außerhalb

50 **ESSEN & TRINKEN**
Die besten Adressen

58 **EINKAUFEN**
Shoppingspaß und Bummelfreuden

SYMBOLE

- INSIDER TIPP Insider-Tipp
- ★ Highlight
- ●●●● Best of ...
- Schöne Aussicht
- Grün & fair: für ökologische oder faire Aspekte
- (*) kostenpflichtige Telefonnummer

PREISKATEGORIEN HOTELS

€€€	über 150 Euro
€€	100–150 Euro
€	bis 100 Euro

Die Preise gelten für ein Doppelzimmer pro Nacht mit Frühstück

PREISKATEGORIEN RESTAURANTS

€€€	über 30 Euro
€€	20–30 Euro
€	bis 20 Euro

Die Preise gelten für ein Hauptgericht ohne Getränke

 Titelthemen: Picknick auf dem Eisberg S. 47 | Frischer Wind aus Grønland S. 18, 44

64 **AM ABEND**
Wohin ausgehen?

70 **ÜBERNACHTEN**
Adressen von günstig bis luxuriös

78 **ERLEBNISTOUREN**
78 Oslo perfekt im Überblick
82 Von der Industrie zur Idylle: an Oslos Lebensader entlang
84 Unterwegs auf der Museumsinsel Bygdøy
87 Hafenspaziergang am Nachmittag

90 **MIT KINDERN UNTERWEGS**
Die besten Ideen für Kinder

92 **EVENTS, FESTE & MEHR**
Alle Termine auf einen Blick

94 **LINKS, BLOGS, APPS & CO.**
Zur Vorbereitung und vor Ort

96 **PRAKTISCHE HINWEISE**
Von A bis Z

102 **SPRACHFÜHRER**

106 **CITYATLAS & STRASSENREGISTER**

126 **REGISTER & IMPRESSUM**

128 **BLOSS NICHT!**

GUT ZU WISSEN
Richtig fit! → S. 24
Entspannen & Genießen → S. 33
Sportliche Leidenschaften → S. 49
Gourmettempel → S. 54
Spezialitäten → S. 56
Luxushotels → S. 74
Feiertage → S. 93
Was kostet wie viel? → S. 98
Bücher & Filme → S. 99
Wetter → S. 100
Währungsrechner → S. 101

KARTEN IM BAND
(108 A1) Seitenzahlen und Koordinaten verweisen auf den Cityatlas
(0) Ort/Adresse liegt außerhalb des Kartenausschnitts
Es sind auch die Objekte mit Koordinaten versehen, die nicht im Cityatlas stehen

(*A–B 2–3*) verweist auf die herausnehmbare Faltkarte

UMSCHLAG VORN:
Die wichtigsten Highlights

UMSCHLAG HINTEN:
Liniennetzplan der öffentlichen Verkehrsmittel

Die besten MARCO POLO Insider-Tipps

Von allen Insider-Tipps finden Sie hier die 15 besten

INSIDER TIPP Built in Norway

Die Norweger sind stolz auf ihre Holzbauarchitektur – im *Arkitekturmuseet* sehen Sie, warum. In Oslos ehemaliger Zentralbank durchlaufen Sie drei Epochen nordischer Baukunst → S. 36

INSIDER TIPP Sonnenuntergang verkehrt

Was Stadt alles kann: Wer am Monolithen im *Vigelandsparken* zu späterer Stunde gen Osten blickt, der sieht dort die Sonne untergehen – gespiegelt in den Fassaden der Häuser → S. 42

INSIDER TIPP Auf Ruinen gebaut

Minneparken: Wo heute der Bischof residiert, lag schon im Mittelalter Oslos geistliches Machtzentrum → S. 44

INSIDER TIPP Klein Ida

Das Fossil der 60 cm großen Primatin im *Naturhistorisk Museum* gilt als Bindeglied in der Entwicklung vom Tier zum Menschen → S. 46

INSIDER TIPP Zum Picknick auf den Eisberg steigen

Sie wollen hoch hinaus, aber ganz ohne Risiko? Das Dach des neuen *Operahuset* ist ein exzellenter Platz für eine Mahlzeit mit Blick auf den Fjord und das zukünftige Zentrum Oslos → S. 47

INSIDER TIPP Der kleine Bruder und die Erotik

Das Fresko im *Emanuel-Vigeland-Museum,* dem Mausoleum des jüngeren Bruders Gustav Vigelands, ist eine große Hommage an die Renaissance und die Erotik. Sollten Sie erröten – kein Problem, das Licht ist schummrig → S. 47

INSIDER TIPP So köstlich wie der große Bruder

Dr. Kneipp's Vinbar ist die kleine Schwester des Markveien Mat & Vinhus und der richtige Ort für ein Glas guten Weins und leckere Mahlzeiten. Wie schön, dass die auch noch weniger kosten als bei der Verwandtschaft → S. 53

INSIDER TIPP **Backwerk im Pferdestall**

Wo sich Ende des 19. Jhs. die Straßenbahnpferde ausruhten, gibt es heute das beste Backwerk der Stadt. *Godt Brød* – ein treffender Name → S. 52

INSIDER TIPP **Bier vom Feinsten**

Trendy und doch traditionell. Wie wäre es mit Kassler und einem ordentlichen Bier aus der Hausbrauerei des Restaurants *Nydalen Bryggeri og Spiseri*? → S. 55

INSIDER TIPP **Viel Fisch und ein wenig Melancholie**

Georg Nilsen Fisk & Vilt ist das vielleicht letzte echte Fischgeschäft der Hauptstadt – ein Erlebnis. Wer wünschte nicht, es möge ewig bleiben → S. 61

INSIDER TIPP **Drinks plus Vitamine**

Die besten Cocktails der Stadt werden in der kleinen *Bar Boca* in Grünerløkka gerührt, geschüttelt, mit Salat bestückt und natürlich auch getrunken (Foto o.) → S. 66

INSIDER TIPP **Gesunder Bio-Schlaf**

Klein, aber fein, stilvoll und ökologisch ausgerichtet: Im *Oslo Guldsmeden* nächtigen Sie gemütlich und mit gutem Umwelt-Gewissen → S. 73

INSIDER TIPP **Kühles Bad mitten in der Stadt**

Unterhalb des Nydalsdamms springen Sie am *Badeplatz Nydalsdamm* in den Teich des gestauten Akerselva und entspannen auf den Liegewiesen → S. 84

INSIDER TIPP **Minikreuzfahrt**

Cruisen Sie mit der *Bygdøy-Fähre* über den Oslofjord von der Museumsinsel Richtung Stadt und Sie erleben den Tag angemessen maritim (Foto u.) → S. 87

INSIDER TIPP **Musik aus allen Erdteilen**

Im grauen November bringen beim *Oslo World Music Festival* lauter hochkarätige Stars Farbe in das Nachtleben der norwegischen Hauptstadt → S. 93

BEST OF ...

TOLLE ORTE ZUM NULLTARIF

Neues entdecken und den Geldbeutel schonen

SPAREN

Kunst in der Kirche

Die Glasmalereien von Emanuel Vigeland kostenlos bestaunen zu können, ist ein guter Grund, der *Oslo Domkirke* einen Besuch abzustatten. Noch beeindruckender ist das 1500 m^2 große Deckengemälde des Künstlers Hugo Mohr von 1950 → S. 33

Wechsel der Königswächter

Auf dem Platz vorm *Königlichen Schloss* können Sie täglich um 13.30 Uhr die Wachablösung verfolgen. Während normale Angestellte sich lässig in die Mittagspause verabschieden, wechseln des Königs Leibwächter nach strengen militärischen Regeln den Dienst (Foto) → S. 32

Von ganz oben auf die Stadt blicken

Wer sich traut, den gläsernen Fahrstuhl hinauf in den 34. Stock des Plaza Hotels zu nehmen, wird reich belohnt. Oben bietet die *34 Skybar* eine der besten Aussichten auf Oslo. Und das ganz umsonst → S. 40

Konzerte vorm Rathaus

Muss man fürs Konzert nichts zahlen, klingt die Musik gleich doppelt so gut. Das Ganze noch unter freiem Himmel in lauer Nacht? Perfekt! Den ganzen Sommer steigen z. B. auf dem Platz vor Oslos Rathaus immer wieder Gratiskonzerte – mit Rock, Pop oder Folk → S. 68

Frisch und frei: Skulpturen mit Aussicht

Ein wahres Überraschungspaket ist der *Ekebergparken* am Osthang der Stadt: Ein schöner Spaziergang durch einen Mischwald, herrliche Blicke über die Stadt und den Fjord – und dazu Werke von James Turrell, Louise Bourgeois, Auguste Rodin, Pierre-Auguste Renoir ... Und das Beste: Es kostet keine Krone → S. 44

Am Puls der Politik

Bei einer kostenlosen Führung durchs *Parlament* erleben Sie die intime Atmosphäre des kleinen Hauses, das Norwegens Geschicke lenkt. Allein das Riesengemälde der verfassungsgebenden Versammlung im Sitzungssaal lohnt den Besuch → S. 34

Diese Punkte zeichnen in den folgenden Kapiteln die Best-of-Hinweise aus

TYPISCH OSLO
Das erleben Sie nur hier

Rasant auf die Schanze
Elegant ragt die geschwungene *Holmenkollen-Schanze* über den Hang hinaus – Mittelpunkt eines prachtvollen Skistadions, Wahrzeichen Oslos und Herz des norwegischen Nationalsports. Der ultraschnelle Fahrstuhl bringt Sie fast so schnell auf den Turm mit der unübertroffenen Aussicht hinauf, wie die Schanze die Skifahrer hinunter → S. 48

Lesen und gelesen werden
Neben den Isländern sind die Norweger das literaturhungrigste Volk der Welt, und Oslo ist stolz darauf, ein richtiges *Literaturhaus* zu haben. Hier gibt es Dichterlesungen und Kulturdebatten, vor allem aber ein feines Szene-Café, in dem viele mittlerweile mit einem I-Pad vor der Nase sitzen → S. 67

Norwegische Gourmettraditionen
Im *Olympen Mat & Vinhus* finden außer dem großen Stammpublikum auch neugierige und hungrige Besucher Platz, werden mit exzellentem Norwegischen wie Rentierfleisch und Heringshappen verwöhnt (Foto) → S. 57

Mittsommernacht im Park
Mitten in der Stadt können Sie im Frognerpark die weiße Nacht ausgiebig und mit lauter Osloern bei Gläserklirren und Gitarrenklängen feiern. Um den Monolithen, Mittelpunkt der Vigeland-Skulpturenlandschaft, drängen sich Schaulustige, die das farbige Resttageslicht und zu früher Stunde den Sonnenaufgang sehen wollen → S. 92

Durch die Augen der Kinder sehen
Im kinderfreundlichen Oslo richtete man sogar ein *Museum für Internationale Kinderkunst* ein: lauter Varianten kindlicher Form- und Farbgebung, die ganze Welt durch die Augen der Kinder gesehen. Und alles zum Mitmachen. Erwachsene dürfen nur zuschauen → S. 90

Herr Nilsen macht Musik
Oslo ist Jazzhochburg und die Jazzkneipe *Herr Nilsen* so etwas wie ihr Herz. Hier erleben Sie fast jeden Abend traditionellen Jazz – live und auf hohem Niveau. In den Pausen gibt's Bier, Erinnerungen, Ausblicke und reichlich Fachsimpeleien → S. 68

BEST OF ...

SCHÖN, AUCH WENN ES REGNET

Aktivitäten, die Laune machen

REGEN

● ***Selber kneten***

Ihre eigene Keramik können Sie in der Werkstatt von *Glazed & Amused* herstellen. Zwei Stunden lang heißt es kneten, in Farben schwelgen und viel Spaß haben → S. 62

● ***Endstation Kaffeehaus***

Überrascht Sie im Frognerpark der Regen, steuern Sie das kleine Kaffeehaus *Valkyrien Te & Kaffe* an der Endstation der Straßenbahn an. Wenig Platz, aber viel Fensterfläche und Düfte aus fernen Ländern. Manche behaupten, hier gebe es Oslos besten Kaffee → S. 52

● ***So viel Kultur unter einem Dach***

Etwas abseits der Touristenströme wartet das *Oslo Bymuseum* mit einer einzigartigen Vielfalt auf Sie: Stadtgeschichte, Theater-, Arbeiter- und Industriegeschichte sowie interkulturelles Leben in Oslo. Hier können Sie den Regentag vergessen → S. 40

● ***Kunst-Kooperative***

Im *Kunstnerforbundet* gibt's in wechselnden Ausstellungen bildende Kunst und Kunsthandwerk von mehr als 300 norwegischen Künstlern zu sehen – und zu kaufen → S. 60

● ***Unterwegs mit der Linie 12***

Die Straßenbahnlinie 12 bringt Sie warm und trocken von Majorstuen am Frognerpark zum Stadtteil Kjelsås im Norden. Zwischen den Haltestellen Sanatoriet und Glads vei haben Sie einen traumhaften Blick über die Stadt und den Oslofjord nach Süden (Foto) → S. 25

● ***Trocken shoppen***

Das sehenswerte Traditionskaufhaus *Steen & Strøm* lockt mit norwegischen und internationalen Marken. Ist die Kreditkarte ans Limit gebracht, lohnt der Abschluss in der Brasserie in der 6. Etage → S. 61

ENTSPANNT ZURÜCKLEHNEN

Durchatmen, genießen und verwöhnen lassen

ENTSPANNT

● *Glamour von gestern*

Wer in Oslo etwas auf sich hält, nimmt Lunch oder Drink in der *Bar* des Hotel Bristol. Sinken Sie tief in einen der Chesterfieldsessel, greifen Sie hinter sich ins prall gefüllte Bücherregal oder lauschen Sie einfach nur den dezenten Pianoklängen – was für ein Leben! → S. 74

● *Das Herz der Stadt*

Im Winter eine Eislaufbahn, im Sommer kleiner Park mit vielen Bänken. Eingeklemmt zwischen Karl Johan, Nationaltheater und dem Parlament Stortinget liegt der kleine Platz *Studenterlunden*, der sich bestens zum Ausruhen und „Nur-Gucken" eignet → S. 28

● *Bummeln im Grünen*

Spazierwege, Parkbänke, Teiche und farbenfrohe Beete, eingerahmt von uralten Laubbäumen: Es genügt im *Botanischen Garten* ein wenig Proviant, um sich bis in den Sommerabend hinein in die Stille zurückzuziehen → S. 46

● *Viel Holz am Holmenkollen*

In der Hotelbar vorm Kamin, in der luxuriös ausgestatteten Spa-Abteilung, in den Speisesälen mit viel Holz – im *Holmenkollen Park Hotel* können Sie sich rundum verwöhnen lassen → S. 72

● *Kunstgenuss am Fjord*

Das sollten Sie sich auf keinen Fall entgehen lassen – zur Not auf einem Restplatz mit eingeschränktem Blick auf die Bühne: Die perfekte Akustik der *Oper* garantiert Ohrenschmaus und damit großen Genuss → S. 66

● *Pause im Asyl*

Mitten in der Stadt und doch ländlich idyllisch gelegen: Im Innenhof des Restaurants *Asylet* können Sie sich mit einem Bier, einem Snack und einem Buch zurückziehen und den Trubel der Hauptstadt buchstäblich links liegen lassen. Weil's unter freiem Himmel ist, darf hier sogar eine Zigarette schmecken (Foto) → S. 55

AUFTAKT

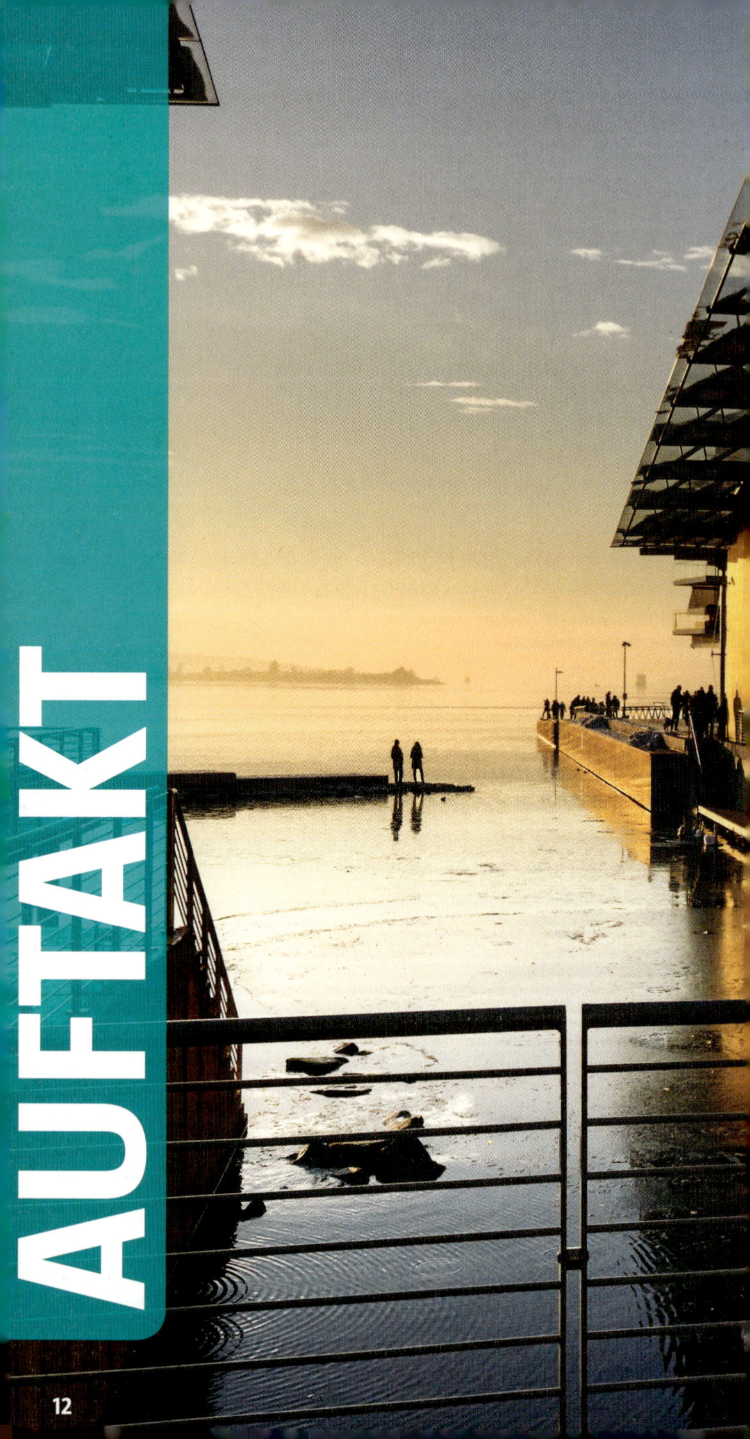

ENTDECKEN SIE OSLO!

Die meisten Besucher kommen mit dem Schiff nach Oslo, schleichen sich vom Wasser her an die Stadt heran, die zwischen grün gekleideten Hügeln ihren Platz gefunden hat. Ihre ***Skyline*** ist ein Sammelsurium: Containerhafen auf der einen Seite, Segelhafen auf der anderen. Dazwischen das im Sonnenlicht funkelnde neue ***Opernhaus***, auf einer Landzunge die wuchtige Festung Akershus, die viereckigen Türme des ziegelroten Rathauses, die ***Flaniermeile Aker Brygge*** mit dem prachtvollen Neubau des Astrup-Fearnley-Museums als Landmarke aus Holz und Glas. Die ganze Dynamik der norwegischen Hauptstadt in einem einzigen Bild: Industrie und Freizeit, Kultur und Geschichte, Politik und Promenade. Und beim Bummel durch die Straßen entdecken Besucher schon bald, dass alles überschaubar ist und dass die Osloer selbst und die traumhafte Lage zwischen Fjord und Fjell den Puls der Stadt bestimmen.

454 km^2 groß ist Oslo und damit halb so groß wie Berlin – viel Platz für die gut 650 000 Einwohner. Die Hälfte der Fläche bedeckt Wald, es gibt ***mehr als 300 Seen***. Das ist den Osloern wichtig, denn *friluftsliv,* also Aktivitäten in der freien Natur, gehören zu ihrem ***Selbstverständnis***. Fragt man sie, was ihnen selbst an ihrer Stadt gefällt, sagen Sie je nach Wohnort Nordmarka oder Østmarka und meinen damit den

Waldgürtel um die Stadt. Die Bahnfahrt auf 500 m Höhe, zum **Holmenkollen**, zu den Haltestellen Voksenkollen (wo es auch einen Skiverleih gibt) oder nach Frognerseter hinauf, dann die Wanderung zu Fuß oder auf Skiern in die Wälder hinein, ist für Osloer ein ganz normaler **Sonntagsausflug** und aktiven Besuchern unbedingt zu empfehlen. Wundern Sie sich also nicht, wenn Sie im Straßencafé mitten in der Stadt Leute in Ski- oder Wanderklamotten treffen, die ihren Tagesrucksack abgestellt haben und mit einem kühlen Bier die Rückkehr in die Urbanität feiern. In den Sommermonaten lockt auch der **Fjord** mit seinen unzähligen Buchten die Osloer hinaus.

Oslo ist überschaubar, hat viel Platz für seine Einwohner

Dicht an dicht treiben und tuckern Segel- und Motorboote bis nahe an die Innenstadtanleger. Dort wimmelt es von Bierzapfstellen und Sonnenanbetern, die mit dunkler Brille auf der Nase und Sonnenschutzfaktor 20 auf dem nackten Bauch Richtung Fjord blicken. **Fernblick** gehört in Oslo offenbar zum guten Leben. Auch deshalb kosten Häuser mit Hanglage das Dreifache. Für Touristen, die zum Sonnenbaden auf Inseln und Schären übersetzen möchten, gibt es **Ausflugsschiffe** genug. Eingeweihte wissen, dass die Fjordfahrt im Winter ein weiteres Plus bereithält: Wenn sich frostgetränktes Halblicht über die von Schnee gerahmte Hauptstadt legt, ist Oslo vom Wasser besehen ein mystischer Ort.

Oslo ist Norwegens einzige Großstadt und doch weit von einer Metropole entfernt. Von Hektik ist nichts zu spüren. Verkehr gibt es zwar auch hier reichlich, Läden und Straßenmusiker sorgen für Beschallung, ein paar Skater schlängeln sich an Passanten

In der Allee zur Festung Akershus laufen Sie durch einen Teil der grünen Lunge Oslos

vorbei. Doch niemand flucht oder regt sich auf. Vor Restaurants und Cafés stehen ein paar Tische, die bei jedem Wetter dank Heizlampen und Wolldecken gut besetzt sind.

Alles wirkt gemächlich. Norwegern ist es fremd, ihren Unmut mit Rufen oder Hupkonzerten kundzutun. Diese **zurückhaltende Attitüde** prägt auch das Hauptstadtleben. Die Architektur unterstreicht dies, überall sind die Häuserschluchten aufgebrochen: Statistisch gesehen haben 95 Prozent der Stadtbevölkerung im Umkreis von 300 m eine Grünanlage. Die vielen Parks und Plätze der Stadt sind dazu da, zu **bummeln** oder sich auf eine Bank zu setzen, um dem Treiben entspannt zuzusehen. Und es ist sicher kein Zufall, dass der Mittelpunkt Oslos nicht der Hauptbahnhof ist oder das Schloss, sondern die **Grünanlage Studenterlunden** zwischen Parlament und Nationaltheater. Der einstige Campus, ein rechteckiger Park mit lauter Bänken, ist Oslos Treffpunkt schlechthin. Im Winter ist hier eine Eisbahn angelegt, die nicht nur bei den Jugendlichen der Hauptstadt gut ankommt.

Der Mittelpunkt Oslos ist eine Grünanlage

Recht schnell stellt der Oslo-Besucher fest, dass alte und neue Bauten manchmal etwas unglücklich nebeneinander stehen. Es gibt nur wenige baulich homogene Stadtviertel. Bis zur **Jahrtausendwende** spielte der Straßenverkehr eine allzu starke Rolle bei der Stadtplanung, und so mancher Parkhausbau war dem Gesamteindruck nicht zuträglich. Das Umdenken der vergangenen zehn Jahre hat Oslo sehr gut getan: Die Hauptverkehrsstraßen verlaufen im Untergrund, und die Stadt öffnet sich mit großen Schritten zum Fjord hin. Uferpromenaden und die in Norwegen als **Allmenning** bezeichneten Plätze werden von der Bucht Bjørvika bis zur Vergnügungsmeile Aker Brygge das Bild der Stadt zum Wasser hin nachhaltig verändern. Dort entstehen gerade die neuen Gebäude der Nationalgalerie und des Munch-Museums, die mit dem Opernneubau der Skyline Oslos eine andere Form geben werden.

Was um die **Oper**, dieses weithin sichtbare und Offenheit ausstrahlende „europäische Bauwerk des Jahres 2008" herum wächst, könnte die Stadt zumindest architektonisch zu einer wirklichen Metropole machen, in jedem Fall aber wird es Oslos Anspruch als ernstzunehmende **Kulturstadt** unterstreichen. Ein großer Teil des norwegischen Kulturhaushalts von gut 1,2 Mrd. Euro fließt in die Hauptstadt, die Stadt selbst gibt jedes Jahr rund 65 Mio. Euro für die Förderung von Theater und Musik, Literatur und Kunst

aus – im Schnitt also mehr als 100 Euro je Einwohner! Die Oper und das Munch-Museum profitieren davon ebenso wie Hunderte von ***Musikclubs und Theaterbühnen***. Jedes Jahr finden in Oslo rund 6000 Konzerte statt, und es ist für jeden Geschmack immer genug dabei. Es soll in der Stadt fast ***1000 Musikbands*** geben – ein blühendes Dickicht, aus dem immer wieder internationale Stars herauswachsen.

Spannungen zwischen Hauptstadt und den Regionen des Landes

Norwegen hat 5,2 Mio. Einwohner, allein 1,6 Mio. leben in der Metropolregion Oslo. Das ist viel, und nimmt man die Lage der Stadt am südöstlichen Zipfel des Landes hinzu, wundert es nicht, dass es einen ***schwelenden Konflikt*** zwischen der Hauptstadt und dem Rest des Landes gibt. Die Osloer wüssten ja kaum, wird außerhalb der Hauptstadt gern kolportiert, dass der Vestfjord in Nordnorwegen, der Nordfjord dagegen in Westnorwegen liegt. Und die Osloer müssen sich den Vorwurf gefallen lassen, arrogant und ***nabelbeschauend*** zu sein, obwohl sie wirtschaftlich stark am Tropf der wertschöpfenden Regionen hängen. In Oslo sitzen nicht nur die Regierung und die meisten staatlichen Behörden, sondern auch alle landesweit erhältlichen Tageszeitungen. Die Spannungen zwischen Kapitale und den Regionen kamen bei den beiden EU-Volksabstimmungen 1972 und 1994 sehr deutlich zum Vorschein. Die Osloer sahen sich beide Male siegesgewiss als ***EU-Bürger***, mussten aber einsehen, dass West-, Mittel- und Nordnorweger ihnen den Weg nach Brüssel versperrten.

Der Konflikt zwischen Regierung und Regierten ist vor allem historisch begründet. Als Norwegen zwischen 1536 und 1814 zu Dänemark gehörte und von Kopenhagen aus regiert wurde, war ***Christiania,*** wie Oslo damals hieß, wichtigstes Standbein im Land der Mitternachtssonne. Während überall im Land die Fischer, Bauern und der Handel mit ihren Produkten das Wirtschaftsleben in Gang hielten, war die Stadt am Oslofjord von den Entsandten der Krone und einer ***Beamtenschaft*** geprägt, die ihr Gehalt aus Kopenhagen bezogen. Die beiden EU-Abstimmungen der jüngsten Vergangenheit haben diese ***historischen Gegensätze*** nur noch einmal unterstrichen. Die Osloer müssen damit leben, von ihren Landsleuten kritisch beäugt zu werden, doch dem Selbstbewusstsein der Hauptstädter tut dies keinen Abbruch. Sie haben Erfahrung darin, abfällige Bemerkungen mit einem Lächeln wegzustecken. Doch zugleich hegen sie historisch begründet immer noch ein gewisses Minderwertigkeitsgefühl gegenüber den anderen nordischen Hauptstädten, insbesondere Stockholm.

Der ***Reichtum*** des Landes nach 40 Jahren Öl- und Gasförderung jedoch hat die Stadt und seine Einwohner verändert. Es wimmelt von feinen Restaurants und teuren Autos – und von norwegischen Dialekten. Der Wohlstand zeigt sich vor allem an der pompösen Wolkenkratzerbebauung um den Hauptbahnhof herum. Dies ist kein Ort zum Verweilen, hier regiert die ***Finanzelite***. Nur einen halben Kilometer weiter, in den Restaurants, Cafés und Kneipen von Grønland oder Grünerløkka, ist von dieser Protzigkeit nichts zu spüren. Alles wirkt gesetzt, ein bisschen abgenutzt, aber urgemütlich. Orte der Begegnung und für ein freundliches Miteinander. Internationalen Untersuchungen zufolge haben die Norweger eine ***sehr hohe Lebenserwartung***, ei-

Locker geht's fürs Publikum im Club Blå in Grünerløkka zu

nen sehr hohen Lebensstandard und Bildungsstand – und sie sind das optimistischste Volk der Welt. Sorglosigkeit strahlt dem Besucher entgegen und ist ein wesentlicher Bestandteil des Osloer Lebensgefühls. Daran haben auch die tragischen Ereignisse vom 22. Juli 2011 nichts geändert, als ein 32-jähriger Norweger zunächst eine schwere Autobombe vor dem Regierungsgebäude in der Osloer Stadtmitte zündete, die acht Menschen das Leben kostete. Und dann in dem Sommercamp der norwegischen Jungsozialisten auf der Insel Utøya im See Tyrifjorden ein grausames Massaker anrichtete und 69, zumeist junge Menschen tötete. Trotz des tiefen Schocks und der enormen Trauer über die Toten war von Anfang an die Entschlossenheit zu spüren, die Werte zu erhalten, die den Norwegern wichtig sind: Offenheit, Zusammenhalt und das ***Recht auf Freizügigkeit***.

Wichtige Werte: Offenheit, Zusammenhalt und Freizügigkeit

Oslo ist und bleibt eine Stadt, an der man sich reiben kann. Dass ständig gebaut wird, sehen die einen als Ausdruck von Unruhe, die anderen preisen die ***Dynamik***. Dass Oslo europäische Peripherie ist, wird durch ein pulsierendes, trendiges Nachtleben und viele international anerkannte Restaurants und Köche widerlegt. Dass in der Hauptstadt eines als puritanisch verschrienen Landes Toleranz großgeschrieben wird, passt zur Grundhaltung der Norweger ***„leben und leben lassen"***. Und dass die Norweger selbst mit einer ordentlichen Portion Skepsis auf ihre Hauptstadt blicken, hindert die Osloer selbst nicht daran, auf ihre Stadt sehr stolz zu sein. Widersprüchlich eben und schon beim zweiten Hinsehen spannend – es gibt viele gute Gründe, dieser Stadt mit Offenheit zu begegnen und sich auf sie einzulassen.

IM TREND

1 Grønland

In-Viertel An jeder Straßenecke gibt es Spannendes zu entdecken. Im Stadtteil Grønland pulsieren das norwegische Leben und die Zuwandererszene nebeneinander. Künstler zeigen ihre Arbeiten in der *Galerie 0047 (Schweigaards gate 340 | Foto)* und inspirieren die jungen Städter. Und sie alle treffen nach Sonnenuntergang im *Gloria Flames (Grønland 18)* aufeinander. Konzerte, coole Drinks und eine Dachterrasse sind der perfekte gemeinsame Nenner.

2 Modemut

Schnittig Oslos Modedesigner machen keine halben Sachen. Wappnen Sie sich für extravagante Designs, zum Beispiel von *Moods of Norway (Akersgata 18 | www.moodsofnorway.com | Foto)* oder *Cecilie Melli (Nedre Slottsgate 15 | www.ceciliemelli.com)*, die ausgefallene Accessoires entwirft. Minimalistisches, norwegisches Design finden Sie bei *Mette Møller (Thorvald Meyers gate 32 | www.mettemoller.no)*. *Velouria Vintage (Thorvald Meyers gate 34 | velouriavintage.no)* ist der Retro-Modespot schlechthin im sowieso schon hippen Stadtteil Grünerløkka; vor allem die große Auswahl an Retro-Band-T-Shirts lockt.

3 Hoch hinaus

In die Bäume Baumklettern ist in Norwegen in. Wie Tarzan kann man sich in naturschöner Umgebung in den Baumwipfeln schwingen und klettern. Der *Klatrepark (Tryvannsveien 64 | www.oslosommerpark.no)* bei Tryvann ist Teil des Osloer Sommerparks. Wer es lieber wetterfest mag und die Boulderwelt bevorzugt, kann in Norwegens größter Kletterhalle *Klatreverket (www.klatreverket.no)* mitten in der Stadt bis zu 14 m hoch aufsteigen.

In Oslo gibt es viel Neues zu entdecken. Das Spannendste auf diesen Seiten

Eat green

4

Lokal, lecker, gesund Endlich passiert etwas in Norwegens Hauptstadt, die phantastische Naturprodukte aus nächster Nähe zu bieten hat. Ob Fisch, Fleisch, Backwaren oder Gemüse – die ökologischen Spots haben sich ihren Platz erobert. In entspannter Atmosphäre einhundert Prozent organisches Essen genießen Sie im *Le Manon (Parkveien 78)*. Eine echte Oase liegt in einem Hinterhof. Der Ökolieferservice *Kolonihagen (Frognerveien 33)* hat hier Friseur, Bäckerei, Blumenladen, Café und Gemüsegeschäft versammelt und ein echtes Bio-Idyll in der Stadt erschaffen. Ökologische Tapas und dazu in Spanien selbst produzierten Bio-Wein bekommt man im Restaurant *Vino Veritas (Strømsveien 1)*.

Ans Wasser

5

Rückeroberung Lange Zeit war den Osloern Weg und Sicht zum Fjord von Werften und Hafenanlagen versperrt. Einen ersten Schritt zur Rückeroberung der Hafenufer geschah Anfang der 90er-Jahren, als *Aker Brygge* von einer Werft in ein Wohn- und Vergnügungsviertel verwandelt wurde. Jetzt drängt Oslo aber ans Wasser. Eine neue Hafenpromenade führt von *Frognerkilen* im Westen bis *Sydhaven* im Osten. Schön ist, dass es jetzt wieder möglich ist, ungehindert am Fjordufer entlang zu promenieren. Östlich der Oper entsteht der neue Stadtteil *Sørenga*, die Fjordstadt, an deren Südende das *Seebad Sørenga (www.sorenga.no/beliggenhet/om-sorenga/sjobadet | Foto)* liegt. Baden mit Aussicht auf Fjord, Opernhaus und die neuen Barcode-Hochhäuser lieben die Osloer, die Badeanlage wird eifrig genutzt, Abgehärtete springen auch im Winter ins Wasser.

FAKTEN, MENSCHEN & NEWS

ATTENTATE VOM 22. JULI 2011

Am Freitag, 22. Juli 2011, erlebte das Königreich Norwegen einen Alptraum, der weltweit Entsetzen auslöste, und das Land im Norden Europas in Trauer stürzte. Ein 32-jähriger Norweger unternahm zwei Terrorangriffe, die in das Herz der norwegischen Sozialdemokratie und damit der Gesellschaft zielten: Nachdem er eine 500 kg schwere Autobombe vor dem Regierungsgebäude am Johann Nygaardsvolds plass zündete, die enorme Schäden anrichtete und acht Todesopfer forderte, fuhr der Attentäter etwa 30 Minuten nach Westen bis zum See Tyrifjorden und ließ sich als Polizist verkleidet auf die Insel Utøya übersetzen. Dort hielten zu dieser Zeit die norwegischen Jungsozialisten (AUF) ihr Sommercamp ab. Der Attentäter erschoss 69 Teilnehmer aus nächster Nähe – das jüngste Opfer gerade 14 Jahre alt; fast 70 weitere Jugendliche erlitten zum Teil schwere Verletzungen. Der Todesschütze ergab sich noch am Tatort. Politiker und Bürger reagierten mit dem Bekenntnis, sich die Werte des freien Landes Norwegen durch eine solche Tat nicht nehmen zu lassen.

BRANDT, WILLY

„Im Dezember 1971 nahm ich in Oslo den Friedensnobelpreis entgegen – eine Anerkennung, die mir nahe ging." Nur ein einziger Satz findet sich in den Memoiren von Willy Brandt zum 10. Dezember 1971. Umso ausführlicher ist die Schilderung des späteren Bundeskanz-

Bild: Fashion Week, Magmalou Pedersen Show

Jazz hören, Sport treiben, Mode zeigen – Osloer sind gesellig und gern draußen, am liebsten in der Mittsommernacht

lers und Wegbereiters der Ostpolitik aus den Jahren nach 1933, als er noch Herbert Ernst Karl Frahm hieß und vor den Nazis aus Deutschland nach Norwegen flüchtete. Dort nahm er den Namen Willy Brandt an, studierte in Oslo Geschichte, arbeitete dort als Journalist und begann, sich in der internationalen Arbeiterbewegung zu engagieren. Der junge Willy Brandt wohnte unter der Adresse Hollendergata 4 nahe dem Hauptbahnhof. Ein blaues Schild an der Hauswand erinnert an den berühmten Bewohner dieses typischen Osloer Wohnblocks aus dem ausgehenden 19. Jh.

DESIGN UND MODE

Dass Norwegen ein Randdasein in Europa fristet, ist nicht zuletzt bei Design- und Modetrends zu spüren. Es gibt junge, mutige Designer zuhauf, doch Paris, London oder Mailand sind weit weg. Auch Studienmöglichkeiten gibt es genug, Ausstellungs- und Verkaufsräume, schmuckvolle Läden, in denen es Spaß macht, neues Design zu bestaunen und

zu kaufen, sogar ein international anerkanntes Designhotel. Der Schritt nach Europa gelingt jedoch nur den wenigsten. Die Modeschöpfer von *Moods of Norway* gehören dazu, der innovative Beleuchtungshersteller *Northern Lightning* oder die beiden Designer Ørjan Djønne and Marius Sveen von *Bare Møbler* mit ihren soliden wie innovativen Sitzmöbeln.

FUSSBALLKNEIPEN

Teures Bier scheint beim Fußball besser zu schmecken: Obwohl Nationalmannschaft, Spieler und Clubs aus Norwegen international kaum eine Rolle spielen, ist die schönste Nebensache der Welt im Osloer Stadtbild äußerst präsent. Seit Beginn des Fernsehzeitalters zeigen norwegische Männer eine besondere Vorliebe für englischen Fußball, und Traditionen müssen gepflegt werden. Besucher sollte es daher nicht verwundern, dass auf Großbildleinwanden in Osloer Kneipen, die zudem oft englische Namen tragen, mehrmals pro Woche englische Topclubs auflaufen.

JAZZ

Seit Jahrzehnten steht Oslo im Zentrum der international anerkannten norwegischen Jazzmusik. Anfang der 1980er-Jahre waren es Sängerin Karin Krog und Saxofonist Jan Garbarek, die sich als Türöffner für norwegische Talente erwiesen. 1983 etablierte sich hier eines der besten Tonstudios der Welt: *Recorded at Rainbow Studio, Oslo. Engineer: Jan Erik Kongshaug* ist in der Jazzmusik ein absoluter Qualitätsstempel. Die besten internationalen Jazzlabels haben norwegische Gruppen und Solisten in ihrem Programm. Sie sorgen auch dafür, dass die vielen Konzertbühnen in Oslo gut besucht werden. Zentrum der Szene bilden *Bare Jazz (Grensen 8)* mit schier unbegrenztem Angebot klassischer und moderner Aufnahmen und die *Nasjonal Jazzscene (www.nasjonaljazzscene.no)* im Victoriasaal auf Oslos Hauptstraße Karl Johan.

MARIT LARSEN & CO.

Eine neue Generation Osloer Popartisten ist aus dem Schatten von A-ha herausgetreten. Aus einer Musikerfamilie stammt Marit Larsen, ihre weiche Stimme taucht seit 2009 in den internationalen Charts auf, die Konzerte sind große Erfolge. Marit Larsen folgten Duos wie Madcon, die vor allem mit tanzbarem Hip-Hop und Rap auf sich aufmerksam machen, und Carpe Diem, die auch weiterhin norwegische Texte singen. Regelmäßiger Gast auf deutschsprachigen Konzertbühnen ist die Popsängerin Maria Mena, als Shootingstar gilt die junge Astrid Smeplass, die 2015 mit dem MTV Music Award ausgezeichnet wurde.

MITTSOMMERNACHT

Die Zeit der Sommersonnenwende wird auch in Oslo ausgiebig begangen. Schlafen kann man schließlich, wenn der Sommer vorbei ist! Wer es irgendwie einrichten kann, macht im Urlaub oder am Wochenende die Nacht zum Tag und holt den Nachtschlaf tagsüber auf einer Parkwiese in der Stadt nach. Dies gilt vor allem für die Nacht vom 23. auf den 24. Juni. Mit Lagerfeuern und Gegrilltem feiern die Hauptstädter an den Ufern des Oslofjords die Mittsommernacht. Die Sonne geht zwar für ein paar Stunden unter, doch in der Stadt kehrt keine rechte Ruhe ein. Noch mehr Menschen als sonst sind bis weit nach Mitternacht auf den Beinen, auf der Kneipenmeile Aker Brygge drängeln sich die mehr oder weniger nüchternen Besucher, und auf den vertäuten Segelbooten vor dem Rathaus wird bis zum Sonnenaufgang Party gemacht. Leider lässt der

Auf ihren Konzerten zeigt Marit Larsen: Ihre Songs sind nichts fürs schnelle Hören

Alkoholkonsum die Stimmung zu später Stunde so manches Mal kippen. Auf die Gäste der Stadt mag das abstoßend wirken. Das beste Rezept dagegen ist mitzumachen oder mit einem Boot eine ruhige Schäre im Oslofjord anzusteuern. Oder eben doch ins Bett zu gehen.

MONARCHIE

Eigentlich nimmt die Ahnenreihe der norwegischen Könige ja bereits zur Wikingerzeit ihren Anfang, trotzdem ist Norwegens Monarchie jung. Nach fast 400 Jahren dänischer Fremdherrschaft (bis 1814) und einem knappen Jahrhundert unter der schwedischen Krone musste das Land 1905 einen Prinzen aus Dänemark importieren, der dann nach einer Volksabstimmung auf dem norwegischen Thron Platz nahm. Die Beliebtheit dieser königlichen Familie ist bis heute ungebrochen. Harald V., Kronprinz Haakon Magnus und Prinzessin Märtha Louise haben allesamt bürgerlich geheiratet, und niemand stößt sich mehr daran. Der Regent und seine Kinder werden auch von den Republikanern im Land respektiert.

Während der Kronprinz den traditionellen Werdegang eines Thronfolgers mit Offiziersausbildung und Studium durchlaufen hat und den norwegischen Staat zusammen mit seiner Frau, Kronprinzessin Mette-Marit, bereits regelmäßig im In- und Ausland vertritt, hat seine ältere Schwester Märtha Louise buchstäblich alternative Wege eingeschlagen. Nach Physiotherapieausbildung im Ausland und der Heirat mit dem Schriftsteller Ari Behn 2002 verzichtete sie noch im selben Jahr auf den Titel „Ihre Königliche Hoheit", um fortan als selbständige Kulturschaffende arbeiten zu können. Im Fernsehen trat sie als Märchenerzählerin auf, in der Vorweihnachtszeit reiste sie auf Tournee durch Norwegen. Als Märtha Louise 2007 ein Zentrum für alternative Behandlungstechniken gründete und nach eigenem Bekunden mit Engeln und Toten in Kontakt treten könne, sorgte dies nicht nur in der norwegischen Presse für heftige Schlagzeilen.

NOBELPREIS

Zweimal im Jahr steht Oslo im Zentrum des globalen Medieninteresses, und daran ist ein Schwede Schuld. Der Stockholmer Industrielle und Geschäftsmann Alfred Nobel (1833–1896) hatte testamentarisch verfügt, dass der Friedensnobelpreis – im Gegensatz zu den vier anderen Fachnobelpreisen in Physik, Chemie, Medizin und Literatur – von einem norwegischen Nobelkomitee ausgewählt und verliehen werden sollte, das vom Parlament Stortinget ernannt wird. Deswegen gibt es in Oslo heute ein Nobelinstitut und das als Informationszentrum gestaltete *Nobels Fredssenter* nahe Aker Brygge. Jedes Jahr am zweiten Freitag im Oktober gibt der Vorsitzende des norwegischen Nobelkomitees um Punkt 11 Uhr den Gewinner des Friedensnobelpreises bekannt, der dann zum 10. Dezember – dem Todestag von Alfred Nobel – zur feierlichen Überreichung der Medaille und eines Schecks von derzeit 10 Mio. schwedischen Kronen (ca. 1,1 Mio. Euro) ins Osloer Rathaus eingeladen wird.

OSLOFJORD

Norwegens Hauptstadt ohne Fjord – undenkbar: Er ist das Tor zur Stadt, Segelparadies, stark befahrene Wasserstraße und ein einzigartiges Naherholungsgebiet zugleich. Rund 2 Mio. Menschen wohnen am Meerarm, der zum Skagerrak gehört und schon wegen seiner Lage mit heftiger Atemnot zu kämpfen hat. Besiedlung, Industrie und Verkehr belasten die Wasserqualität besonders des sogenannten *Inneren Oslofjords,* der am nur 1 km breiten Drøbaksund beginnt, bis ans Osloer Rathaus heranreicht und 3 bis 7 km lang ist. In diesem Becken müssen die Segelschiffe und Motorboote im Sommer Zickzack fahren, um nicht zusammenzustoßen, an den Ufern, auf den Holmen und Schären stehen zahllose, teure Hütten. All dies tut dem Ruf des Oslofjords keinen Abbruch, er hat einen festen Platz im Herzen aller Osloer.

SPORT

Es gibt nationale Mythen, die jeden Wandel überleben: *Norweger sind sportlich* ist so einer. Und da Oslo seit den Olympischen Winterspielen 1952 den Ruf zu verteidigen hat, Sporthauptstadt zu sein, ist man auch im Sommer eifrig bemüht, Osloer und Besucher der Stadt mit Leistungs- und Breitensport zu locken. Das Leichtathletik-Meeting im

RICHTIG FIT!

Nur eine Straßenbahnfahrt mit der Nr. 5 vom Zentrum entfernt (Haltestelle Sognsvann) liegt Oslos bekannteste Strecke für Spaziergänger und Jogger. Ein Lauf um den See *Sognsvann* ist die ideale Tour – nah dran am Zentrum und trotzdem mittendrin in den norwegischen Wäldern. Die Strecke ist 3,3 km lang, frische Luft und weite Landschaft gibt's gratis dazu. Wer nicht joggen will oder kann: Für eine Fahrradtour eignet sich der gut präparierte Kiesweg ebenso. Auch Behinderte im Rollstuhl können die Trainingsstrecke um den See absolvieren. Wer unterwegs Lust auf mehr bekommt, biegt einfach in einen der beschilderten Wanderwege in die Wälder der Marka ein. Hier erwarten die besonders gut Trainierten unzählige Kilometer Joggingstrecken.

In der Skisaison: Rush hour in der Bahn zum Holmenkollen

Bislett-Stadion an einem Freitag im Juni ist seit 1998 Grand-Prix-Veranstaltung. Der internationale Marathon meldet jedes Jahr einen neuen Teilnehmerrekord, und die Holmenkollen-Staffel gehört mit mehr als 2000 Mannschaften und über 30 000 Teilnehmern zu den größten Laufwettbewerben der Welt.

Wenn Schnee gefallen ist, sind die Straßenbahnen Richtung Stadtrand voll mit sportlich gekleideten Norwegern, die sich an ihren Langlaufskiern festhalten. Auf gespurten oder abgelegenen Waldwegen brechen sie in die Tiefen von Nordmarka oder Østmarka auf, steuern ein sonniges Plätzchen oder eine Hütte mit Restaurantbetrieb an oder versuchen, mit perfekter Skating-Technik neueste Bestmarken aufzustellen.

STRASSENBAHN

Vielleicht liegt es daran, dass Oslo die einzige Stadt Norwegens ist, in der es überhaupt eine Straßenbahn gibt, vielleicht daran, dass das Liniennetz der *Trikken* das Kerngebiet von Oslo abdeckt. Sicher ist: Die Osloer lieben ihre Trikken. Die blauen und keineswegs modernen Bahnen schleppen sich mehr oder weniger mühsam von Ost nach West, wobei jede Linie am Hauptbahnhof die Stadtmitte durchkreuzt. Wer Oslo und auch die Einwohner ganz entspannt und für wenig Geld kennenlernen möchte, kauft sich ein 24-Stunden-Ticket und fährt zwischen den Highlights hin und her. Besonders schöne Ausblicke bietet ● Linie 12.

Die erste Straßenbahn in Oslo wurde noch mit Pferden gezogen, 1900 war die Elektrifizierung der Bahn vollzogen. Heute fahren 72 Wagen auf den Linien 11, 12, 13, 17, 18 und 19. Beschlossen ist eine neue Linie am Opernhaus vorbei entlang des Oslosfjords, noch in diesem Jahrzehnt soll eine neue Fjordlinie bis weit in den Westen der Stadt fertig sein.

SEHENSWERTES

WOHIN ZUERST?
(117 E2) (*⊞ H4–5*) Rathausplatz: Hier haben Sie den Fjord mit den Fährschiff-Anlegern im Rücken, das wuchtige Rathaus vor der Nase. Von hier aus falten sich die Sehenswürdigkeiten Oslos fächerförmig auf; viele sind zu Fuß zu erreichen. Stadtrundfahrten starten hier. Die Linie 12 der Straßenbahn bringt Sie zum Hauptbahnhof mit allen U- und Straßenbahnlinien, dem Busterminal und den Regionalzügen. In der Nähe gibt es einige kostenpflichtige Parkplätze bzw. -häuser – sowohl östlich hinter der Akershus-Festung als auch westlich des Platzes.

Denken Sie sich den Fjord und die bewaldeten Höhen im Norden weg – Oslo wäre eine gewöhnliche europäische Hauptstadt. Ein Schloss, ein weltberühmtes Skistadion, ein Park mit einer imposanten Skulpturensammlung, ein wuchtiges Rathaus, ein Opernhaus aus weißem Mamor und ein paar andere Prachtbauten am Fjord – war es das etwa schon? Nein, war es nicht! Und manchmal reicht schon ein Perspektivenwechsel, um das Überraschende, das Besondere zu entdecken.

Fahren Sie ein paar Kilometer aus der Stadt hinaus Richtung Nordwesten. INSIDER TIPP *Kragstøtten* ist ein Rastplatz oberhalb der Skianlage Holmenkollen und der schönste Aussichtspunkt in Oslo: Sie sehen den Fjord, der im klaren

Bild: Blick von der Oper auf das Osloer Zentrum

Rotes Rathaus, weiße Oper, grüne Parks – wie ein bunter Fächer breiten sich Oslos Schönheiten vorm tiefen Blau des Fjords aus

Sommerlicht zwischen den Inseln irgendwo im Süden verschwindet, blicken hinüber zu den Hängen im Westen und Osten und haben gleichzeitig die gesamte Stadt zu Füßen. Richtig ausgesprochen heißt sie *Uschlu,* und dieser Talkessel dort unten, der im Volksmund auch tatsächlich *Uschlu-Gryta* genannt wird, birgt Überraschungen: Guts- und Bauernhöfe als Relikte der Agrargesellschaft, mächtige Industriegebäude, in die Kulturbetriebe eingezogen sind, feine Bürgerviertel und spannende kulturelle Schmelztiegel. Selbst Viertel mit Holzhäusern haben sich in Oslo bis ins 21. Jh. gehalten – im Westen eher weiß gestrichen und den Reichen vorbehalten, im Osten bis heute vor allem rot und von Arbeitern bewohnt. Spaziergänge durch Oslo sind Begegnungen mit der Geschichte und den Veränderungen, die im Zuge des steten Wachstums der Hauptstadt notwendig waren. Am besten, Sie gehen zuerst auf die Anhöhen und lassen von dort den Blick schweifen. Und wenn Sie sich dann auf die Entdeckungstour durch Norwegens

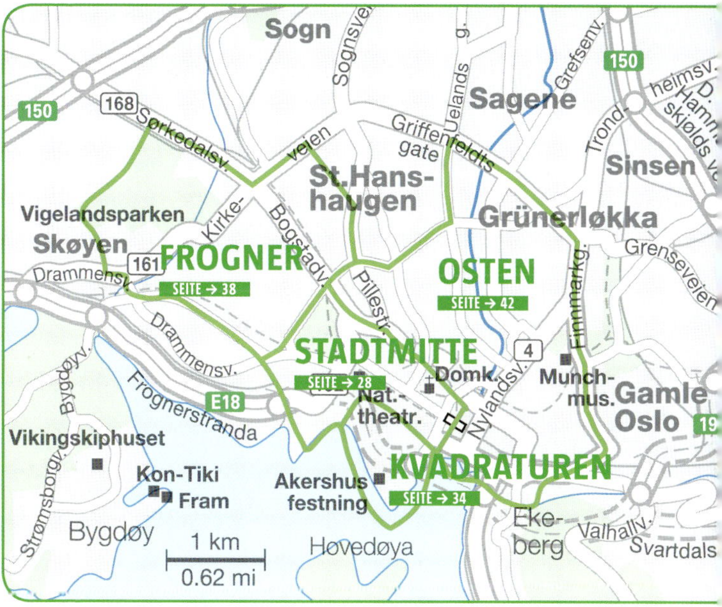

Die Karte zeigt die Einteilung der interessantesten Stadtviertel. Bei jedem Viertel finden Sie eine Detailkarte, in der alle beschriebenen Sehenswürdigkeiten mit einer Nummer verzeichnet sind

Hauptstadt machen, ist abgesehen vom Fußmarsch die Straßenbahn *(trikken)* das ideale Verkehrsmittel. Ihre Linien durchziehen alle Stadtteile, und auf dem Weg zu den Sehenswürdigkeiten sammeln Sie gleich Eindrücke von Oslos Vielfalt.

STADTMITTE

Wenn er müsste, könnte Norwegens König Harald jeden Morgen sein Schloss auf dem Hügel verlassen und hätte nach gerade mal 15 Minuten den Osloer Hauptbahnhof erreicht. So kompakt ist das zentrale Oslo: Es beschränkt sich auf die Karl Johans gate mit ihren Nebenstraßen vom Schloss bis zum Hauptbahnhof Oslo S(entral).

Eine kaum 2 km lange Straße, links und rechts viel Sehenswertes, Geschäfte, Bars, Restaurants, aber auch Grünanlagen. Touristisches Herz der Hauptstadt, politisches Zentrum des Landes, Platz für Vergnügungen und Straßenkunst, für Prachtbauten und Kunstgenuss. Alles ist zu Fuß in wenigen Minuten erreichbar, und immer wieder wird man zum ● *Studenterlunden*, dem Park zwischen Parlament und Nationaltheater, zurückgelockt. Er ist Fixpunkt für die Touren durch Oslos Zentrum.

1 AKER BRYGGE ★

(117 D2) *(🗺 G5)*

Die Vergnügungsmeile am Oslofjord ist Aker Brygge. In den Backsteinhallen einer ehemaligen Werft sind Einkaufszentren

und Geschäfte untergebracht, Bars und Restaurants säumen den Kai. Hier können Sie flanieren und Fjordluft schnuppern, dem Schiffsverkehr zuschauen, den Blick auf Akershus Festning genießen und dazu in einem der Kairestaurants ein Bier trinken. Und weil an schönen Sommertagen auch die Osloer zu Tausenden hierherkommen, um Sonne und Wasser zu genießen, kann es schon mal vorkommen, dass Sie in den Kneipen keinen Sitzplatz mehr bekommen und Stille nur auf einem Segelboot im Fjord finden. Von wo auch immer Sie das Wasser im Blick haben: Auf Aker Brygge spürt man, dass das Herz der Schifffahrtsnation Norwegen ganz in der Nähe pocht. Wer hier unten am Kai in Ruhe zwanglos frühstücken möchte, steht zeitig auf, kauft sich um 8 Uhr direkt INSIDER TIPP von einem der Fischerboote vor dem Rathaus eine Tüte Garnelen und genießt die Fjordaussicht von einer Bank aus. Der klassische norwegische Sommersnack schmeckt „aus der Hand" einfach am besten. *Straßenbahn 12 Aker Brygge*

2 ASTRUP FEARNLEY MUSEET ★

(116–117 C–D3) (*🕮 G5*)

Ein Blickfang am Hafen: Das von Renzo Piano entworfene Bauwerk ist ein Must für alle Oslo-Besucher. Wer sich unter dem wie ein Segel geformten Dach aus Glas und Stahl zwischen den zwei prachtvollen Ausstellungshäusern am Fjordufer bewegt, könnte fast vergessen, dass dieses Museum auch über eine ansehnliche Sammlung bedeutender norwegischer und internationaler Kunst, u. a. von Andy Warhol und Damien Hirst, verfügt. Zum Bestand gehört die Skulptur *Michael Jackson and Bubble* des US-Amerikaners Jeff Koons. *Di, Mi, Fr 12–17, Do 12–19, Sa/So 11–17 Uhr | 120 NOK | Strandpromenaden 2 | Tjuvholmen | www.afmuseet.no | Straßenbahn 19 Rådhusplassen*

MARCO POLO HIGHLIGHTS

★ Aker Brygge
Flaniermeile mit Seeluft und erfrischendem Nachtleben → S. 28

★ Astrup Fearnley Museet
Meisterwerk aus Glas und Holz – übersehen unmöglich → S. 29

★ Nasjonalgalleriet
In der größten Kunstsammlung des Landes → S. 32

★ Holmenkollen
Das Mekka des nordischen Skisports → S. 48

★ Akershus Festning og Slott
Hoch über dem Fjord thront Oslos Landmarke → S. 35

★ Munchmuseet
Über 20 000 Werke des Expressionisten → S. 45

★ Det Kongelige Slott
Standesgemäße Residenz des Königs mitten in der Stadt → S. 31

★ Vigelandsparken
Weltberühmte Skulpturen, die zum Nachdenken anregen → S. 41

★ Operahuset
Wie ein Eispalast: Das extravagante moderne Bauwerk ganz in Weiß sorgt für Aufsehen → S. 46

★ Ibsenmuseet
Zu Hause bei einem der meistgespielten Dramatikern weltweit: gemütlich und aufschlussreich → S. 30

★ Henie-Onstad-Kunstsenter
Der Eiskönigin sei Dank: moderne Kunst im prachtvollen Ambiente am Fjord → S. 47

Im Hinterhof des Museums liegt der superschlanke INSIDER TIPP Glaslift Tjuvtitten (Sa/So 12–18 Uhr | 20 NOK), der schwindelfreie Besucher 54 m in die Höhe trägt. Der Rundblick von dort ist das Eintrittsgeld allemal wert.

3 IBSENMUSEET ★ (117 D1) (*G4*)

Henrik Ibsen (1828–1906), Norwegens berühmtester Schriftsteller, gilt als Begründer des modernen Dramas und einer der wichtigsten Vertreter des Realismus. Bis heute ist er einer der weltweit meistgespielten Autoren. Trotz seines bedeutenden Einflusses auf die Weltliteratur blieb Ibsen der Nobelpreis für Literatur versagt. Von 1895 bis zu seinem Tod wohnte er in der Nähe des Schlosses. Seine Wohnung wurde komplett restauriert und ist jetzt wieder als Museum zugänglich. Interessant: die INSIDER TIPP Beatles-Ausstellung, denn wer weiß schon, dass sich besonders John Lennon vom Dichter aus Oslo beeinflussen ließ? Eine Ausstellung widmet sich u. a. den Albumgestaltungen und Liedzeilen des Musikers. *Mitte Mai–Mitte Sept. tgl. 11–18, Mitte Sept.–Mitte Mai Fr–Mi 11–16, Do 11–18 Uhr | Führung jede volle Stunde | 100 NOK | Henrik Ibsens gate 26 | www.norskfolkemuseum.no, dann Auswahl links „Ibsenmuseet" | Straßenbahn 19 Slottsparken*

4 KARL JOHANS GATE (117 E–F1) (*H–J4*)

Jeder Norweger kennt Karl Johan, und fast jede Reisebroschüre nennt die berühmteste Straße des Landes eine „Prachtstraße". Der Superlativ ist jedoch mit Vorsicht zu genießen. Die Fußgängerzone vom Hauptbahnhof bis zum Parlament Stortinget ist geprägt von wenig attraktiven Geschäften, von Straßenverkäufern, Bettlern und Drogenabhängigen. Erst am Grand Hotel öffnet sich der großzügig angelegte Boulevard, Besucher schlendern am Park zur Linken und der prachtvollen Aula der Universität zur Rechten vorbei, bestaunen die Fassade des Nationaltheaters und haben das alles überragende Schloss vor sich, an des-

Geschichte schnuppern und Geschenke shoppen auf der Karl Johans gate

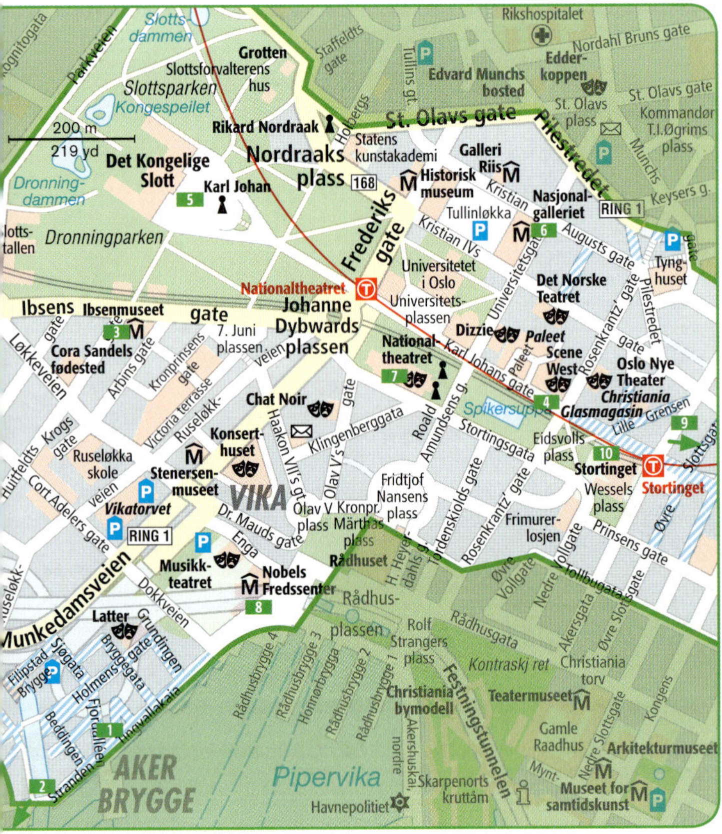

SEHENSWERTES IN DER STADTMITTE

- 1 Aker Brygge
- 2 Astrup Fearnley Museet
- 3 Ibsenmuseet
- 4 Karl Johans Gate
- 5 Det Kongelige Slott
- 6 Nasjonalgalleriet
- 7 Nationaltheatret
- 8 Nobels Fredssenter
- Fußgängerzone
- 9 Oslo Domkirke
- 10 Stortinget (Parlament)

sen Treppen Karl Johan endet. Der Blick vom *Schlossplatz* zurück auf Karl Johan ist dann wirklich atemberaubend.

5 DET KONGELIGE SLOTT ★

(111 E4–5) (*G3*)

Seit König Harald V. das Gut Skaugum seinem Sohn Haakon überlassen hat, ist er mit Königin Sonja wieder öfter daheim in Oslo – dann weht die Fahne über dem Schloss. Der Architekt Hans Ditlev Franciscus von Linstow entwarf das Gebäude im neoklassizistischen Stil, das 1848 fertig war. Nach der Auflösung der Union mit Schweden 1905 avancierte es zum festen Königssitz, als König Haakon VII. hier

einzog. Ein großer, der Öffentlichkeit zugänglicher Park umgibt das Schloss. Besonders schön ist der Teil *Dronningparken,* der Park der Königin, hinter dem Schloss. Den Eingang markiert eine Statue von Dronning Maud (1869–1938), erste Königin des selbstständigen Norwegen. Vor dem Schloss steht die Statue des schwedischen Königs Karl Johan, der vom Hügel aus auf seine Straße, die Karl Johans gate, hinunterblickt. Am 17. Mai, dem norwegischen Nationalfeiertag, stehen die Mitglieder der Königsfamilie auf dem Schlossbalkon und winken dem vorbeiziehenden Kinderumzug zu.

Weltfrieden im Nobels Fredssenter

Das Schloss wird von der königlichen Leibgarde bewacht und ist nur im Sommer für Führungen geöffnet. Das ganze Jahr über findet täglich um 13.30 Uhr eine sehenswerte ● Wachablösung statt, im Sommer wird sie manchmal durch einen INSIDER TIPP musikalisch begleiteten Aufmarsch ergänzt. *21. Juni–Mitte Aug. Schlossführungen auf Englisch tgl. 12, 14, 14.20 und 16 Uhr (Anmeldung dringend empfohlen!) | 95 NOK | www.kongehuset.no | Bus 30, 31, 32, 54, 70, 74 | Straßenbahn 13, 19 Nationaltheatret*

6 NASJONALGALLERIET ★

(112 A5) (*H3*)

1882 konnte die Nasjonalgalleriet an der Universitetsgate ihr eigenes Haus beziehen, das heute die umfassendste öffentliche Kunstsammlung Norwegens beherbergt. Ein Schwerpunkt der Gemäldegalerie ist die norwegische Nationalromantik mit Werken von Johan Christian Dahl, Adolph Tidemand, Hans Fredrik Gude und August Cappelen. Die große Sammlung mit Werken Edvard Munchs ist nach Meinung vieler sogar noch besser als die Ausstellung im Munch-Museum. Zu beachten ist, dass alle nach 1945 entstandenen Werke nicht in der Nasjonalgalleriet, sondern im Museum für zeitgenössische Kunst gezeigt werden. Wer nach dem Besuch der Nationalgalerie noch Muße hat, sollte links zur Kristian Augusts gate und weiter zum Regierungsviertel gehen. An der Stirnwand des sogenannten Y-Baus sieht man das INSIDER TIPP Wandgemälde „Die Fischer" des Picasso-Schülers Carl Nesjar. *Di, Mi, Fr 10–18, Do 10–19, Sa/So 11–17 Uhr | Eintritt 100 NOK, Do frei | Universitetsgata 13 | www.nasjonalmuseet.no | Straßenbahn 11, 17, 18 Tullinløkka*

7 NATIONALTHEATRET

(117 E1) (*H4*)

Mit Backsteinen und norwegischem Granit gestaltete der Architekt Henrik Bull das Nationaltheatret, das den Platz Studenterlunden nach Westen hin abschließt. Norwegens Nationalbühne – damals war sie noch in privater Hand – wurde 1899 mit „Ein Volksfeind" von Henrik Ibsen eröffnet. Der Autor selbst saß bei der Premiere in der ersten Reihe. Vor dem Gebäude

stehen die Skulpturen der norwegischen Dichterkönige Bjørnstjerne Bjørnson und Henrik Ibsen, die zur Eröffnung enthüllt wurden. *Johanne Dybwads plass 1 | Bus 30, 31, 32, 54, 70, 74 | Straßenbahn 13, 19 Nationaltheatret*

8 NOBELS FREDSSENTER
(117 E2) ***(🕮 G4)***

Nicht in Schweden, sondern in Oslo sollte der Friedensnobelpreis verliehen werden. So entschied es der Schwede Alfred Nobel in seinem Testament. Warum, ist nicht eindeutig geklärt: Vielleicht traute Nobel den eigenen schwedischen Politikern nicht und hielt das norwegische Parlament für moderner. Oder er tat es, um seiner Bewunderung für den norwegischen Dichter Bjørnstjerne Bjørnson Ausdruck zu verleihen. Sicher ist jedenfalls, dass es die Schweden ärgert, dass der Träger des wichtigsten und medienwirksamsten Nobelpreises nicht in Stockholm, sondern jährlich Anfang Oktober im Osloer Nobel-Institut bekanntgegeben wird. Die Verleihung findet im Dezember im Osloer Rathaus statt.

Im Nobel-Friedenszentrum im prachtvoll restaurierten ehemaligen Westbahnhof können sich Besucher dank moderner Medientechnik spielerisch über Alfred Nobel, den Friedenspreis und seine Träger informieren. Dem aktuellen Preisträger ist jeweils eine Sonderausstellung gewidmet. Alle bisher Ausgezeichneten sind in einem „elektronischen Garten" versammelt. Und ein „magisches Buch" macht mit dem Leben Alfred Nobels vertraut. *Mitte Mai–Ende Aug. tgl. 10–18, Sept.–Mitte Mai Di–So 10–18 Uhr | 100 NOK | Brynjulf Bulls plass 1 | Rådhusplassen | www.nobelsfredssenter.no | Straßenbahn 12 Rådhusplassen*

9 OSLO DOMKIRKE ●
(118 B1–2) ***(🕮 J4)***

In dem im Barockstil erbauten und 1697 geweihten Dom wurden 2001 Kronprinz

ENTSPANNEN & GENIESSEN

Hukodden **(114 B–C6)** ***(🕮 B8)*** auf Bygdøy ist Oslos bekanntester Badestrand, doch Schwimmer und Sonnenbadende kommen sich nicht in die Quere. Nah am Strand gibt es feste Grillstellen (Grillkohle am Kiosk), Tische und Bänke *(Bus 30 fährt z. B. ab Haltestelle Nationaltheatret nach Huk).*

Aus den 30ern stammt die Badeanstalt *Vestkantbadet* **(111 D5)** ***(🕮 F4)*** *(Mo–Do 12–20, Fr 11–19, Sa/So 10–17 Uhr, im Sommer geschl. | 106 NOK | Sommerrogata 1 | vkbspa.no | Bus 30, 31 Solli)*, eine architektonische Perle, die vom Kunstmaler Per Krogh ausgeschmückt wurde. Das Wasser des 12,5-m-Beckens ist 30 °C warm. Im *Vestkantbadet Helsesenter (Eintritt römisches Bad 150 NOK)* nebenan können Sie z. B. mit Römerbad das Wellnesserlebnis abrunden.

Man muss kein Gast des *Hotel Bristol* **(112 A5)** ***(🕮 H4)*** *(Di–Fr 12–19, Sa 12–18 Uhr | Anmeldung unter Tel. 22 82 60 00 | Kristian IV's gate 7 | Straßenbahn 11, 17, 18 Tinghuset)* sein, um die teils ökologischen Angebote des Hauses genießen zu können. Von Aroma bis Kräuter für Gesicht bis Ganzkörper reichen die Behandlungen. Voranmeldung nötig. Komplette Wellness fürs Gesicht: ca. 100 Euro, Halbtagspaket inkl. Lunch:. 300 Euro.

Haakon Magnus und Kronprinzessin Mette-Marit getraut. Als protestantische Hauptkirche ist sie zugleich Amtssitz des Osloer Bischofs. Die Deckenmalereien von Hugo Lous Mohr schmücken eine Fläche von 1500 m^2, die Glasmalereien, die Jesu Geburt und Leben schildern, stammen von Emanuel Vigeland und wurden 1910 eingesetzt. *Sa–Do 10–16, Fr 16 bis Sa 6 Uhr | Eintritt frei | Karl Johans gate 11 | www.oslodomkirke.no | Straßenbahn 11, 17, 18 | Bus 37 Stortorvet*

10 STORTINGET (PARLAMENT)

(118 A1) (*H4*)

„All makt i denne salen" – „alle Macht in diesen Saal" – skandierte der liberale Politiker Johan Sverdrup 1884 im Stortinget, dem Parlament. Die norwegischen Politiker hatten gerade für den Parlamentarismus gestimmt, dem schwedischen Unionskönig Oscar II. die Macht entrissen und sie ans Stortinget übertragen. Dabei war es mit Oscar I. ein anderer schwedischer König gewesen, der den Auftrag für den Bau des Stortinget erteilt hatte. 1866 konnten die norwegischen Politiker erstmals am Karl Johan tagen. Weil zwei Löwenskulpturen von Christopher Borch die Auffahrt zum Eingang säumen, wird das Stortinget im Volksmund auch *løvebakken* (Löwenhügel) genannt. Nicht Borch selbst, sondern ein zum Tode verurteilter Sträfling haute die Löwen in Granit. Als Dank für seine Arbeit wurde er begnadigt. ● *Im Sommer Führungen in Englisch Mo–Fr 10, 11.30, im Frühling/Herbst Sa 10, 11.30 Uhr | Eintritt frei | Karl Johans gate 22 | www.stortinget.no | T-Bahn 1–5 Stortinget*

KVADRATUREN

Kvadraturen ist Oslos „alte neue Stadt". Im Stadtteil zwischen der Festung Akershus und dem heutigen Zentrum um die Karl Johans gate liegen Ge-

Vor dem alten mattgelben Backsteinbau des Parlaments entspannt Norwegens Zukunft

SEHENSWERTES IN KVADRATUREN

1 Akershus Festning og Slott
2 Arkitekturmuseet
3 Christiania Torv
4 Museet for Samtidskunst
5 Oslo Rådhus

schichte, Architektur und Kunstgenuss dicht beieinander.

1624 brannte das alte Oslo nieder. König Christian IV. ließ danach das neue Zentrum auf der anderen Seite der Bucht Bjørvika aufbauen. Im Windschatten der mächtigen Festung Akershus wuchs die neue Stadt heran – im Geist der Renaissance streng viereckig angelegt. Daher der Name *Kvadraturen,* daher die Straßenschluchten mit ihrer manchmal etwas wuchtigen Bebauung. Auch nachdem sich das Zentrum immer weiter nach Westen verlagert hat – Kvadraturen bleibt Oslos historischer Mittelpunkt. Das Viertel überrascht nicht nur mit dem quadratischen Straßenmuster, sondern auch mit vielen historischen Bauten. In der Rådhusgata sind noch einige Häuser aus der Gründungszeit von Kvadraturen zu sehen, ansonsten dominieren herrschaftliche Fassaden aus dem 19. Jh. den kompakten Stadtteil. Am Tag ist Kvadraturen ein attraktives Museumsviertel, für einen spätabendlichen Bummel aber ist es hier zu dunkel und verlassen.

1 AKERSHUS FESTNING OG SLOTT ★ (117 E3) (*H5*)

Neun ernste Angriffe überstand die Festung Akershus seit dem Mittelalter: Weder Schweden noch Dänen gelang es,

das Bollwerk auf der Landzunge über dem Oslofjord einzunehmen. Im Mittelalter war Akershus zunächst Königsburg, die Christian IV. (1588–1648) um ein Renaissanceschloss und eine massive Befestigungsanlage erweitern ließ. Die Wälle und Mauern umschließen ein Gelände von etwa 350 m Länge und 100 m Breite. Den Norden der inneren Festungsanlage markiert das *Høymagasinet*, am südlichen Ende liegt *Munketårnet*, der Mönchsturm (früher ein Pulverturm), der den Eingang kennzeichnet. Auf dem Gelände stehen das *Akershus Slott* und das *Hjemmefrontmuseet*. Im Südflügel des Schlosses befinden sich der Christian-IV.-Saal, Repräsentationssaal der norwegischen Regierung, und die Kapelle. Im Anbau des Mausoleums ruhen die Könige Haakon VII. und Olav V., Königin Maud und Kronprinzessin Märtha. *Schloss/Mausoleum Mai–Aug. Mo–Sa 10–16, So 12.30–16 Uhr | 70 NOK*

Zwischen Schloss und Høymagasinet liegt das *Hjemmefrontmuseet (Juni–Aug. Mo–Sa 10–17, So 11–17 Uhr | 50 NOK | forsvaretsmuseer.no/Hjemmefrontmuseet)*, das den norwegischen Widerstand während des Zweiten Weltkriegs dokumentiert. Die Ausstellung befindet sich größtenteils in unterirdischen Gewölben. Gleich hinter dem Museum erhebt sich der Schutzwall, der kleine Anstieg dorthin ist ein absolutes Muss. Der Blick auf den Osloer Hafen und hinüber zu Aker Brygge begeistert zu jeder Jahreszeit. Angrenzend an die Festung befinden sich Kaserne, Lager und Stallungen. Die sorgsam restaurierten Gebäude werden heute u. a. vom norwegischen Umwelt- und Verteidigungsministerium sowie von der berittenen Osloer Polizei genutzt. Im ehemaligen Arsenalgebäude ist das *Forsvarsmuseet (Mai–Aug. Mo–Fr 10–17, Sa/So 11–17, Sept.–April Di–Fr 11–16, Sa/So 11–17 Uhr | Eintritt frei | forsvaretsmuseer.no/Forsvarsmuseet)* untergebracht, das die norwegische Militärgeschichte von der Wikingerzeit bis heute illustriert. Über die gesamte Festungsanlage informiert Sie das *Besucherzentrum Akershus Festning (Juni–Aug. Mo–Fr 10–17, Sa/So 11–17 Uhr, tgl. Führungen | direkt am Karpfenteich). Straßenbahn 12 Christiania torv*

2 INSIDER TIPP ARKITEKTURMUSEET

(117 F2) (*H5*)

Im ersten Osloer Zentralbankgebäude von 1830 gibt es einen Querschnitt durch drei Epochen norwegischer Architektur zu sehen. 1911 bekam das Haus ein Magazin dazu; den Zwischenraum nutzte der norwegische Architekt Sverre Fehn 2008 für einen extravaganten Pavillon aus Beton und Glas. Dieser Stilbruch sorgt sowohl in norwegischen Architekturkreisen als auch bei den Besuchern für kontroverse Debatten. *Di, Mi, Fr 11–17, Do 11–19, Sa/So 12–17 Uhr | Eintritt 50 NOK, Do frei | Bankplassen 3 | www.nasjonalmuseet.no | Bus 60 Bankplassen*

3 CHRISTIANIA TORV

(117 F2) (*H5*)

Als ob man sich in einem hübsch tapezierten Wohnzimmer befindet. Niedrige historische, aber auch moderne Häuser umrahmen das pittoreske Plätzchen Christiania torv, das einen spannenden Kontrast zu den Straßenschluchten von Kvadraturen bildet. Die Hektik der Stadt scheint weit entfernt. Es ist schwer zu glauben, dass hier einmal das Herz des alten Oslos schlug, am Markt gehandelt wurde und Hinrichtungen stattfanden.

Auf dem Platz mit Blickrichtung Osten stehend, sehen Sie gleich zwei historische Gebäude: Der Ursprung des Fachwerkhauses *Rådmannsgården* auf der linken Seite geht auf 1626 zurück, es ist

das älteste Haus des einstigen Christiania, in dem schon das Spital der Garnison und die Universitätsbibliothek untergebracht waren. Mitten auf dem Platz steht eine Skulptur der norwegischen Künstlerin Wenche Guldbrandsen – die Hand des Stadtgründers Christian IV. Die eigentliche Statue des Begründers von Kvadraturen steht merkwürdigerweise und historisch falsch auf *Stortorvet,* dem Großmarkt von Oslo. Auf der rechten Seite der Rådhusgata steht INSIDER TIPP *Gamle Rådhus*, Christianias erstes Rathaus. Zwischen 1641 und 1733 wurden von hier aus die Geschicke der Stadt gelenkt. Nach einem Brand 1996 wurde das Restaurant *Det Gamle Raadhus* im alten Stil wieder aufgebaut, die urgemütliche *Lauritz Ruus Bar (Mo–Fr 11.30–16 Uhr | €€)* im Haus ist um die Mittagszeit herum ein sehr beliebter Ort für einen herzhaften Lunch. *Straßenbahn 12 Christiania torv*

4 MUSEET FOR SAMTIDSKUNST (117 F3) (*H5*)

In der einstigen Zentralbank hat zeitgenössische Kunst Schalter und Geldschränke verdrängt. Das in Marmor und norwegischem Granit gehaltene Gebäude beherbergt 4700 Werke meist norwegischer Künstler. Bemerkenswert ist die thematische Breite der Wechselausstellungen: vom eher traditionellen Gemälde über Videoinstallationen bis zu Kunstfilmen und Versuchen in Klangkunst. Zu den festen Installationen gehören „Innerer Raum V" des norwegischen Künstlers Per Inge Bjørlo und der „Müllmann" des Russen Ilya Kabakov. *Di, Mi, Fr 11–17, Do 11–19, Sa/So 12–17 Uhr | Eintritt 50 NOK, Do frei | Bankplassen 4 | www.nasjonalmuseet.no | Bus 74 Rådhusgata*

5 OSLO RÅDHUS (117 E2) (*H4*)

In den 1920er- und 1930er-Jahren wurden die Hausbesitzer im Osloer Hafen-

Festung Akershus: früher uneinnehmbar, heute dümpeln friedlich Schiffe vor ihren Mauern

viertel Pipervika enteignet, die Häuser abgerissen: Der Platz wurde für das monumentale, von den Architekten Arnstein Arneberg und Magnus Poulsson entworfene Rathaus gebraucht. 1931 legte man den Grundstein, endgültig fertig war das Rathaus jedoch erst 1950. Nicht alle Osloer sind vom komplett in rotbraunem

Massiges Tor zur Welt: Oslos Rathaus

Backstein gebauten Gebäude mit den beiden massigen, quadratischen, über 60 m hohen Türmen begeistert. Mehr oder weniger liebevoll bezeichnen sie es als *geitost* – wie der typisch norwegische braune Ziegenkäse, der in eckigen Klumpen verkauft wird. Seit vor einigen Jahren der Verkehr in den Untergrund verbannt wurde, ist der Sitz der Osloer Stadtregierung endlich eine weithin sichtbare Landmarke als Tor zur Welt. Im Uhrenturm bilden 49 Glocken Nordeuropas größtes Glockenspiel. Jeden Sonntag um 15 Uhr *(regelmäßig nur Juli, sonst je nach Nachfrage | Treffpunkt 14.45 Uhr an der Rathaustreppe)* ist ein INSIDER TIPP Miniglockenkonzert zu hören. Das Innere des Rathauses ist ein kleines Kunstmuseum. Die Halle schmückten Henrik Sørensen und Alf Rolfsen aus. Aber auch Künstler wie Per Krogh, Dyre Vaa und sogar Edvard Munch (Munchsaal) haben mitgestaltet. Einmal im Jahr steht das Rathaus im Blickpunkt der Weltöffentlichkeit: Immer am 10. Dezember wird im großen Saal der Friedensnobelpreis überreicht. *Tgl. 10–16 Uhr, Führungen (kostenlos) tgl. 10, 12, 14 Uhr | Eintritt frei | Rådhusplassen 1 | Straßenbahn 12 Rådhusplassen*

FROGNER

Der Stadtteil zwischen Schloss und Frognerpark ist das Osloer Bürgerviertel. Die Straßen um den U-Bahnhof Majorstuen säumen Häuserzeilen aus dem späten 19. und frühen 20. Jh. Viele der Stadtvillen beherbergen diplomatische Vertretungen. Frogner wirkt zwar gesetzt, ist aber doch immer trendy.

Es gibt viel Grün, Platz für Kinder und gute Nachbarschaft. Prachtvolle Villen, umgeben von kleineren Parks, in anderen Straßen wieder dicht an dicht stehende Mietshäuser – Stadthöfe genannt –, mit und ohne Erker, sind eine Augenweide für Architekturinteressierte. Die bekanntesten und schönsten Volksparks der Stadt liegen in Frogner. Der schönste Teil des Viertels ist das Gebiet zwischen Frognerveien und Gyldenløves gate. Beide Straßen führen zum Frognerpark hinauf.

SEHENSWERTES IN FROGNER

1 Frognerparken
2 Homansbyen
3 Oslo Bymuseum
4 Vigelandmuseet
5 Vigelandsparken

1 FROGNERPARKEN

(110 A–B 1–2) (*D–E 1–2*)

Das Schmuckstück unter Oslos Parks ist zugleich die meistbesuchte Sehenswürdigkeit der Hauptstadt. Weil der weltberühmte Vigelandspark (siehe dort) im südlichen Zipfel des Parks liegt und den meisten Besuchern ein paar Bilder von den monumentalen Vigeland-Skulpturen wichtig sind, versäumen sie es, in dem wunderschönen, romantischen Landschaftspark einen ausgiebigen Bummel zu machen. 3000 Bäume, darunter exotische Arten wie Magnolien-, Ginkgo- und Mammutbäume, säumen die Spazierwege. Norwegens größter Rosengarten mit 150 Arten und rund 14 000 Pflanzen gehört ebenfalls zum Frognerpark.

Dass die Osloer besonders am Wochenende zum Frognerpark pilgern, einen Picknickkorb mitbringen und bis zum Abend dort sitzen, hat auch mit den langen Traditionen von Schwimmbad und Stadion im Park zu tun. Im *Frogner Stadion* spielte Norwegens Fußballmannschaft ihr erstes Länderspiel – 1910 gegen Schweden. Das in den 1950er-Jahren eröffnete Freibad *Frognerbadet (Mo–Fr 7–19.30, Sa/So 10–18 Uhr | Mo–Fr 96, Sa/So 106 NOK)* am Nordrand ist nach wie vor beliebt. Auf den 3 ha Grünflächen des Parks tummeln sich an warmen Sommer-

tagen bis zu 4000 Gäste, beim alljährlichen Rockfestival *Norwegian Wood* mindestens fünfmal so viel. *Ganzjährig rund um die Uhr geöffnet | Bus 20 | Straßenbahn 12 Vigelandsparken oder Frogner stadion | T-Bahn 1–5 Majorstuen*

2 HOMANSBYEN (111 E3) (*G2*)

Zwischen Uranienborgveien im Süden und Pilestredet im Norden wuchs in der zweiten Hälfte des 19. Jhs. Nordeuropas erste „Villenstadt" heran. Der Gesamteindruck ist heute leider durch Verkehrsaufkommen und neue Bauten in der Nachbarschaft getrübt, doch Kenner erkennen den Prunk und die schmuckvollen Details ziemlich schnell. Inspiriert von englischen Stadtvillen, ließen die Gebrüder Homan entlang der Straßen *Oscars gate, Josefines gate* und *Gustavs gate* ab 1858 großzügige Häuser bauen, die die wachsende Beamtenschaft Oslos anlocken sollten. Fabriken, Kleinbetriebe und Restaurants wurden von Anfang an ausgeschlossen, hier stand der Rückzug ins Private im Vordergrund.

Zu den schönsten Beispielen dieser buchstäblich reichen Architektur, die man leider nur von außen bestaunen kann, gehören das Haus in der *Josefines gate 13*, 1860 im französisch-gotischen Château-Stil mit Türmen und schmuckvollen Dachfassaden gebaut, und das im Südwesten von Homansbyen auf einer Anhöhe liegende *Uranienborgslott*, eine Villa im Neorenaissancestil mit Turm und Kuppel. *Straßenbahn 11 Homansbyen*

LOW BUDG€T

Mit der Tageskarte der städtischen Verkehrsbetriebe *Ruter* können Sie für 90 NOK nicht nur frei U- und Straßenbahn fahren, sondern auch die Passagierschiffe nutzen, die vom Anleger Vippetangen **(117 F4)** (***H6***) aus die vorgelagerten Inseln der Stadt anlaufen. Erhältlich an allen Haltestellen und Narvesen-, 7-Eleven-, Mix- und Deli-de-Luca-Kiosken. Praktisch ist die RuterBillett-App.

Eine der schönsten Aussichten auf Oslo ist gratis. Die Fahrt im gläsernen Lift zur *34 Skybar* **(118 C1)** (***K4***) *(im 34. Stock des Plaza Hotels)* erfordert allerdings etwas Mut.

Wer z. B. in der *Nationalgalerie* ein Ticket für 100 NOK kauft, darf damit am selben Tag auch die anderen Nationalmuseen *Arkitekturmuseet, Museet for Samtidskunst und Kunstindustriemuseet (www.nasjonalmuseet.no)* besuchen. Oder Sie gehen am Do hin, dann sind alle umsonst.

3 OSLO BYMUSEUM (110 B2–3) (*E2*)

Wunderschön eingebettet in den stilleren Teil des Frognerparks liegt der prachtvolle Herrenhof nach dänischem Vorbild, der seine Gestalt mit eher unnorwegischem Fachwerk Ende des 18. Jhs. bekam. Die Ausstellungen in dem heutigen Stadtmuseum behandeln Oslos Geschichte vom Mittelalter bis in die Gegenwart. Schönster Raum im ersten Stock des Haupthauses ist der Ballsaal des einstigen Kammerherrn Bernt Anker, der bei der umfangreichen Renovierung nach 1790 eingerichtet wurde. Die Wände der oberen Räume schmücken Gemälde mit Osloer Landschaften aus dem 19. Jh. Auch das Osloer Theatermuseum ist im Stadtmuseum untergebracht. *Di–So 11–16 Uhr | Eintritt frei | Frognerveien 67 | www.oslomuseum.no | Bus 20 | Straßenbahn 12 Frogner plass*

4 VIGELANDMUSEET

(110 A3) (*D2*)

Der Vigelandspark ist das Werk, das Vigelandmuseum der Arbeitsplatz. Die Räume in der neoklassizistischen Villa nur fünf Spazierminuten vom Park entfernt waren Gustav Vigelands Werkstätten. Zwischen 1924 und 1943 wohnte und arbeitete er hier und hinterließ der Nachwelt rund 1600 Skulpturen, 12 000 Zeichnungen und 300 Holzschnitte. Die Urne des Künstlers befindet sich im Turm des Museums, drei der insgesamt 14 Säle sind wechselnden Ausstellungen auch anderer Künstler vorbehalten. *Mai–Aug. Di–So 10–17, Sept.–April 12–16 Uhr | 60 NOK | Nobels gate 32 | www.vigeland.museum.no | Bus 20 | Straßenbahn 12 Frogner plass*

5 VIGELANDSPARKEN ★

(110 A–B 1–2) (*D–E 1–2*)

Jedes Jahr locken die 212 aus Bronze, Granit und Schmiedeeisen geschaffenen Skulpturen des Bildhauers Gustav Vigeland (1869–1943) mehr als 1 Mio. Besucher an. Die bekannteste Skulpturensammlung Nordeuropas wurde nach Plänen des Künstlers entlang einer 850 m langen Achse im Frognerparken angelegt. Vigeland gruppierte seine Arbeiten in fünf Einheiten: das Haupttor, die Brücke mit dem Kinderplatz, an dem auch die berühmte Skulptur „sinnataggen“ (der kleine wütende Junge) steht, die Fontäne, das erhöhte Plateau mit dem „Monolithen“ und schließlich das „Lebensrad“. Besonders die Bedeutung des 17 m hohen Monolithen mit seinen 121 aus einem Stein gemeißelten Figuren gibt den Kunsthistorikern Rätsel auf: Ist es das Streben nach Höherem? Die Vision von einer Auferstehung? Oder nur der Ausdruck der Zusammengehörigkeit von Menschen? Vigeland hatte das Kunstwerk in den Jahren 1924–1925 entworfen, für die Fertigstellung brauchten drei Steinmetze insgesamt 14 Jahre.

Wenn Sie bei schönem Sommerwetter die Muße zu einem abendlichen

Im Bymuseum wohnt Oslos Geschichte hinter wunderschöner Fassade

Bummel im Vigelandspark haben, gehen Sie zum Monolithen hinauf und blicken INSIDER TIPP nach Osten (!) in den Sonnenuntergang. Bis zu den Häusern an den Osthängen der Stadt schweift der Blick, wo sich das tiefrote Abendlicht spiegelt und auf die Dächer der Hauptstadt zurückgeworfen wird. Das Lichtspektakel in ihrem Rücken ist nicht minder faszinierend. Dort liegt die Holmenkollenschanze im Schatten des Sonnenuntergangs. Ein traumhaft schöner Abschluss eines Urlaubstags in Oslo. *Ganzjährig rund um die Uhr geöffnet | Eintritt frei | www.vigeland.museum.no | Straßenbahn 12 Vigelandsparken oder Frogner stadion | T-Bahn 1–5 Majorstuen*

OSTEN

In Gamlebyen, der Altstadt, liegt die Wiege der Stadt Oslo. Erst mit dem Aufbau des Stadtviertels Kvadraturen nach 1624 verschob sich der Mittelpunkt der Stadt von Osten nach Westen. Die Gebiete östlich von Akerselva blieben als Arbeiter- und Industriegebiete zurück und bildeten den Hinterhof der Hauptstadt mit großen sozialen Problemen.

Das hat sich in den vergangenen Jahren geändert. Oslos Osten gewinnt an Attraktivität, neue Architektur lockt vor allem junge Menschen an. Stadtteile wie Grünerløkka haben ihren Mief abgestreift. Sie sind trendy und strotzen vor Vitalität, Lebensqualität und Kultur.

Oslos ganzer Stolz, das Opernhaus, steht denn auch ganz bewusst nicht im bürgerlichen Westen der Stadt, sondern in der Bucht Bjørvika – im Osten Oslos. Dahinter strecken sich die Hochhäuser des neuen Finanzviertels *Barcode* in den Himmel. Ein umstrittenes Sammelsurium aus Glas und Beton mit 10 000 Arbeitsplätzen.

Vigelandspark: grünes Ausflugsziel vieler Osloer mit Kulturanspruch

SEHENSWERTES IM OSTEN

Fußgängerzone

1 Gamlebyen	3 Grünerløkka	5 Naturhistorisk Museum
2 Grønland	4 Munchmuseet	6 Operahuset

1 GAMLEBYEN (119 E3–4) (*L5–6*)

Wie zu einem italienischen Küstenstädtchen schlängelt sich die Straße am Hang hinauf nach *Gamlebyen*, zur „alten Stadt" und Oslos historischem Stadtkern. Bis zu fünfstöckige Stadthöfe prägen dieses Viertel, aber es gibt reichlich Platz und viel historische Bebauung, zumeist vom Ende des 19. Jhs. Nachdem sich Ende des letzten Jahrhunderts vor allem Einwanderer hier niederließen, hat sich Gamlebyen mittlerweile zu einem attraktiven Hinterhof der norwegischen Hauptstadt entwickelt, der viele junge Menschen anzieht. Das multikulturelle Ambiente tut dem Stadtviertel gut und bildet einen spannenden Kontrast zu den Spuren des Mittelalters.

Vom Jahr 1000 bis zum großen Brand 1624 war Gamlebyen das eigentliche Oslo. Es lag zwischen der Bucht von Bjørvika und Grønland und streckte sich noch etwas den Hügel von Ekeberg hinauf. Obwohl das damalige Oslo gerade mal 3000 Einwohner zählte, war es ein bedeutendes weltliches und geistliches Machtzentrum. Hier wurde gehandelt, hier hatten König und Bischof mit sechs Kirchen und drei Klöstern ihren Sitz. Überreste sind bis heute zu sehen. Beim heutigen *Bischofssitz (Sankt Halvards plass 3 | Straßenbahn 18, 19 | Bus 34, 74 Sankt Halvards plass)* können Sie im INSIDER TIPP *Minneparken* die Ruinen der Hallvardskathedrale, des Olavsklosters und der Kreuzkirche besichtigen. Die Kathedrale wurde um 1100 im romanischen Stil gebaut und war nach dem Nidarosdom in Trondheim Norwegens größte Kirche. Der Bischofssitz entstand auf den Ruinen des Olavsklosters. Ein Spaziergang Richtung Fjord führt zum *Middelalderparken,* eingeklemmt zwischen Bahnlinie und Autobahn, dem einstigen Machtzentrum des Adels. Hier steht die Ruine der Mariakirche, Kirche und Grabstätte der mittelalterlichen Könige. Auch die Königsburg lag hier am Fjord. *Vannspeilet,* der kleine, künstliche See, markiert, wo im Mittelalter das Fjordufer lag.

Am Hang südöstlich von Gamlebyen liegt der von einem Privatmann finanzierte Skulpturen- und Kulturdenkmalpark ● INSIDER TIPP *Ekebergparken (Eintritt frei | Bus 34, 74 Brannfjellveien | Straßenbahn 18, 19 Oslo Hospital/Sjømannsskolen).* Besonders an schönen Sommerabenden sollten Sie sich diesen Abstecher und den Blick über die Stadt und den Oslofjord nicht entgehen lassen.

2 GRØNLAND (119 D1–2) (*K–L4*)

Etwas versteckt hinter dem Hauptbahnhof, von Grünerløkka im Norden und Gamlebyen im Süden begrenzt, ist Grønland Oslos kultureller Schmelztiegel. Hier trifft nüchterne skandinavische Kultur auf viele fremde Einflüsse. Weil sich seit den 1960er-Jahren Einwanderer, vor allem aus Pakistan, hier niedergelassen haben, wird der Stadtteil auch „Little Karachi" genannt. Exotische Geschäfte, fremdländische Gerüche, unbekannte Sprachen – in Grønland ist die Welt zu Hause! Dazu gibt es noch viel typisch Norwegisches. Im *Grønland Basar (Tøyengata 2/Grønlandleiret)*, dem orientalisch anmutenden Einkaufszentrum, liegen das typisch norwegische *Vinmonopolet* und das *Thai House* gleich nebeneinander. In Grønland erleben Sie die spannende Symbiose der Kulturen. *T-Bahn 1–5 Grønland*

3 GRÜNERLØKKA

(113 D2–4) (*K2–3*)

Als „beste Ostseite" wird der Stadtteil Grünerløkka gern bezeichnet. Mit der Stadterweiterung von 1858 entstanden östlich des Flüsschens Akerselva aus Brandschutzgründen Backsteinwohnhäuser, die die Ära des Holzbaus beendeten. Das Tempo, in dem das Stadtviertel wuchs, war dermaßen hoch, dass Grünerløkka damals auch als „Ny York" bezeichnet wurde.

In den 60er- und 70er-Jahren des vergangenen Jahrhunderts waren die für Grünerløkka typischen Stadtwohnhöfe derart heruntergekommen, dass man das ganze Quartier abreißen und in modernem Stil wieder aufbauen wollte. Hausbesetzer verhinderten dies, und mehr und mehr junge Leute und Künstler zogen nach Grünerløkka. Heute ist es in, mit Künstlern und Einwanderern in bunt gemischter Nachbarschaft zu wohnen. Und die wenigen Industriearbeiter, die es noch in Oslo gibt, wohnen auch weiterhin dort. Das Leben im Stadtteil pulsiert: Konzerte unter freiem Himmel, Ausstel-

lungen oder Dokumentarkino – Kulturinteressierte finden in Grünerløkka immer ein Angebot und stets ein kleines Café gleich in der Nähe. In den Geschäften wird von norwegischen Designerkleidern über moderne Keramik bis zu exotischem Gemüse alles angeboten. Wer an einem Sommertag die Thorvald Meyers gate, Grünerløkkas Hauptstraße, entlangspaziert *(Straßenbahn 11, 12, 13 Olaf Ryes plass)*, genießt ein Straßenleben, das dem Treiben auf der Karl Johans gate in nichts nachsteht. Wer noch einen Ausflug in die Geschichte der Stadtarchitektur machen möchte, spaziert westwärts über den Fluss Akerselva Richtung *Gamle Aker Kirke*. Unterhalb des ältesten Bauwerks von Oslo (1180) liegen die Straßen *Telthusbakken* und *Damstredet*. Dort ist die INSIDER TIPP originale Holzhausbebauung aus dem ausgehenden 18. Jh. komplett erhalten – ein idyllisches Kleinod mitten in der Metropole.

4 MUNCHMUSEET ★

(113 F5) (*M3*)

Einer der berühmtesten Norweger überhaupt ist der Maler Edvard Munch (1863–1944). Munch, der auch ein umfassendes grafisches Werk hinterließ, gilt als einer der wichtigsten Wegbereiter des Expressionismus. Das Museum (1963) in Tøyen zwischen Grünerløkka und Gamlebyen birgt die größte Sammlung seiner Werke. Munch vermachte der Stadt Oslo 1100 Gemälde, 15 500 Grafiken sowie 4700 seiner Zeichnungen. Die umfassende Ausstellung verschafft einen ausgezeichneten Eindruck vom Leben und Wirken des norwegischen Künstlers, dessen Werke „Der Schrei" oder „Mädchen auf der Brücke" weltberühmte Gemälde von unschätzbarem Wert sind. *Mi–Mo 10–16 Uhr | 100 NOK, gratis mit dem Oslo-Pass | Tøyengata 53 | www.munchmuseet.no | T-Bahn 1–5 Tøyen | Bus 20 Munchmuseet*

Grünerløkka: In der Straße Telthusbakken wohnt der Trend im alten Stil

5 NATURHISTORISK MUSEUM

(113 E–F4) (*L3*)

In der Fossilienabteilung dieses Museums ist INSIDER TIPP *Ida* zu Hause. Der erste nachgewiesene Primat der Geschichte lebte vor 47 Mio. Jahren und wurde 1983 als erstaunlich intaktes Fossil in Messel südlich von Frankfurt gefunden. Das Osloer Museum erwarb das Fundstück 2007 und präsentierte zwei Jahre später das Ergebnis einer Analyse des norwegischen Paläontologen Jörn Hurum. Danach soll Ida das fehlende Glied in der Entwicklung vom Tier zum Menschen sein.

Der ● *Botanische Garten* des Naturhistorischen Museums ist eine grüne Spazieroase. Besonders schön ist der *Duftgarten* (auch für Sehbehinderte und Rollstuhlfahrer angelegt) mit rund 90 verschiedenen Pflanzen. Norwegens Bergflora erleben Sie im *Fjellhagen,* dem Alpingarten. Im Miniaturgebirge mit Bächlein und Wasserfällen wachsen bis zu 1400 Bergpflanzen. *Museum Di–So 11–16 Uhr, Botanischer Garten Mitte März–Sept. Mo–Fr 7–21, Sa/So 10–21, Okt.–Mitte März Mo–Fr 7–17, Sa/So 10–17 Uhr | Eintritt Museum 50 NOK | Sars gate 1 | beim Munch-Museum | www.nhm.uio.no | T-Bahn 1–5 Tøyen | Bus 60 Tøyen kirken*

Auf dem Dach der Oper kann man sich fast wie auf einer Eisscholle treiben lassen

6 OPERAHUSET ★

(118 B–C3) (*J–K5*)

Oslos ganzer Stolz ist das 2008 eingeweihte Opernhaus direkt an der Bucht Bjørvika. Die Idee des Architekturbüros Snøhetta war es, das neue Haus wie einen Eisberg aus dem Oslofjord auftauchen zu lassen.

Ob Eisberg oder Marmorberg: Das in seiner Form äußerst ungewöhnliche Opernhaus lässt niemanden kalt. Snøhetta schuf in einer eher unwirtlichen Ecke des

Osloer Hafens ein Monument modernen Designs und eine Landmarke von internationalem Ruf. Nicht nur Fachleute, die das Bauwerk mit Sydneys berühmter Oper vergleichen, begeistern sich für die kubische Form und die spannende Kombination aus weißem Stein und viel Glas. Das Haus soll eine Oper buchstäblich zum Anfassen sein. Das schräge, zum Wasser abfallende Marmordach ist begehbar, und ein Spaziergang hinauf garantiert einen tollen Blick über Oslo und das Hafengelände. Die Osloer haben ihre Oper mit offenen Armen angenommen und inzwischen entdeckt, dass sie INSIDER TIPP auf dem Dach sogar picknicken können. *Foyer Mo–Fr 10–23, Sa 11–23, So 12–22 Uhr, Führungen in Englisch tgl. 11, 12 u. 14 Uhr, Billettschalter Mo–Fr 10–20, Sa 11–18, So 12–18 Uhr | von Oslo S über eine Fußgängerbrücke in 5 Min. zu erreichen | www.operaen.no*

IN ANDEREN VIERTELN

SANKT HANSHAUGEN

(112 A–B 1–2) (*H–J 1–2*)

Nordwestlich von Frogner, hinter dem berühmten Leichtathletikstadion Bislett, liegt das Viertel Sankt Hanshaugen. Auch hier bildet ein Park den Mittelpunkt. In den Jahren nach 1850 wurde der Sankt-Hanshaugen-Park im Stil eines englischen Landschaftsgartens angelegt, seit 1910 hat er seine heutige Form. Mittelpunkt der Anlage ist *tårnhuset*, das im Stil der Neorenaissance gebaute, 14 m hohe Turmhaus am höchsten Punkt des Parks, von dem aus Sie eine der besten Aussichten hinunter auf die Stadt und den Fjord haben.

Die große Zeit des Sankt-Hanshaugen-Parks begann im Jahr 1890. Park und Restaurant waren damals im Sommer derart beliebt, dass der Stadtgärtner in den 1930er-Jahren beklagte, der ganze Park rieche nach Schweiß. Es gibt heute zwar nur noch selten Parkkonzerte, aber noch immer ist das *Mittsommernachtsfest* im Sankt-Hanshaugen-Park ein absolutes Highlight nicht nur für die Bewohner des Stadtteils. *Bus 21, 37, 46 Sankt Hanshaugen*

AUSSERHALB

INSIDER TIPP EMANUEL-VIGELAND-MUSEUM

(0) (*0*)

Emanuel Vigeland (1875–1948), der jüngere Bruder des bekannteren Gustav Vigeland, ließ 1926 ein Museum für seine Skulpturen und Malereien bauen. Zu Beginn der 1940er-Jahre verwandelte der stark von der italienischen Renaissance beeinflusste Künstler das Haus in ein Mausoleum: *Tomba Emmanuelle* (Emanuels Grab). Die Fenster wurden zugemauert, das Fresko, das Wände und Decken bedeckt, nannte er *vita:* Mit der Schöpfung und dem Sündenfall als Motiv schuf Emanuel Vigeland Hunderte nackter Männer- und Frauenfiguren, die Erotik und menschliche Triebe symbolisieren. Die Wirkung verstärkt sich durch das spärliche Licht, die Dramatik des Kunstwerks tritt nur ganz langsam hervor – ein Erlebnis! *Mitte Mai–Mitte Sept. So 12–17, Mitte Sept.–Mitte Mai 12–16 Uhr | Eintritt 50 NOK | Grimelundsveien 8 | www.emanuelvigeland.museum.no | T-Bahn 1 | Bus 46 Vindern*

HENIE-ONSTAD-KUNSTSENTER ★

(0) (*0*)

Große Kunst am Fjord – im Henie-Onstad-Kunstzentrum, das rund 15 km westlich von Oslo liegt, kommen beeindruckende Architektur, Fjordlandschaft und ein

Wer wagt, gewinnt mit Ziplining vom Holmenkollen hinab auf sichere Meter

bisschen Hollywoodglamour mit herausragender, europäischer moderner Kunst zusammen. Seinen Namen verdankt das Zentrum dem norwegischen Eiskunstlauf- und Hollywoodstar der 1920er- und 1930er-Jahre, Sonja Henie. Die Kunstsammlung, die sie und ihr Mann, der Reeder Niels Onstad, aufgebaut hatten – in der Hauptsache moderne französische Werke –, bildete als Schenkung die Grundlage des Kunstzentrums.
Fächerartig öffnet sich der Bau der beiden Norweger Jon Eikvar und Sven Erik Engebretsen zum Fjord hin, ragt aus der Landzunge Høvikodden heraus. 1968 wurde die Kunsthalle mit 110 Werken aus der Henie-Sammlung eröffnet. Henie und ihr Mann sind auf dem Hügel oberhalb des Zentrums begraben. Auf 3000 m² Ausstellungsfläche werden Teile der Sammlung und wechselnde Ausstellungen bedeutender norwegischer und internationaler Künstler präsentiert. Im Skulpturenpark ist Henry Moores „Knife Edge" eins der Hauptwerke.

Vom Park aus empfiehlt sich eine kurze Spaziertour durch den Wald zum Fjordufer, von wo aus Sie Richtung Oslo bis zum Veritas-Gebäude gehen. Von dort haben Sie einen schönen Blick auf die Halbinsel Fornebu, früher Standort des Osloer Flugplatzes. *Di–Do 11–19, Fr–So 11–17 Uhr | Eintritt 100 NOK | www.hok.no | Bus 151 vom Osloer ZOB alle 15 Min., Fahrt ca. 25 Min. Høvikodden*

HOLMENKOLLEN ★

(120 B5–6) *(0)*

Wie ein riesiger Suppenlöffel sieht die Skisprunganlage, eine der berühmtesten der Welt, aus, die 2011 bei den Nordischen Skiweltmeisterschaften ihre erste große internationale Meisterschaft erlebte. Mit futuristischem Outfit, angenehmer Großzügigkeit in der Gestaltung und herrlichem Blick über Oslo, den Sie am Fuß der Schanze schon ahnen können. Von der Plattform auf dem Turm haben Sie eine traumhaft schöne Aussicht über Oslo, den Fjord und Mar-

ka. Neben dem *Skimuseum (Museum und Sprungturm Juni–Aug. tgl. 9–20, Mai/Sept. 10–17, sonst 10–16 Uhr | Eintritt 130 NOK komplett)* – in dem unter anderem Øvrebø-Skier aus dem 16. Jh. ausgestellt sind – und dem Skisimulator, einem gläsernen Fahrstuhl an der Außenwand des Schanzenturms und dem Café ist das Sommertraining der Skispringer ein weiterer guter Grund, ein paar Stunden auf dem Holmenkollen zu verbringen. Sie selbst können es auch ohne Skier probieren: Beim Ziplining mit *Kollensvevet (Mo–Fr 11–18, Sa/So 12–18 Uhr | 600 NOK)* geht's vom höchsten Punkt an einem Drahtseil 361 m hinab – Adrenalin pur! Ein Spaziergang führt Sie zur INSIDER TIPP *Holmenkollen kapell*. Die dunkel gebeizte Holzkirche wird von der Königsfamilie zu besonderen Anlässen genutzt. Der Blick von dort über Oslo und die Wälder von Nordmarka ist wunderschön. *(www.holmenkollen.com) T-Bahn 1 Holmenkollen*

MARKA (0) *(𝔐 0)*

Fragt man Osloer, was an ihrer Stadt am schönsten ist, kommt die Antwort spontan: Marka! Nordeuropas größtes Naherholungsgebiet ist Teil der Osloer Identität. Wie ein riesiger grüner Kranz legt es sich um den Stadtkessel, lädt im Sommer zu Wanderungen auf beschilderten Wegen durch endlose Wälder, im Winter auf perfekt präparierten Loipen ein. Allein das Loipennetz durch Marka ist 2600 km lang! Wer mag, kann tagelang wegbleiben und in einer der zahlreichen Hütten des *Norwegischen Bergwandervereins DNT (www.turistforeningen.no)* eine Koje reservieren – und dennoch im Osloer Stadtgebiet übernachten. Die meisten Hütten werden bewirtschaftet, Sie bekommen eine warme Mahlzeit und ein ordentliches Wanderfrühstück. Wanderkarten gibt es im Buchhandel, nähere Auskünfte zu den Hütten finden Sie auf den deutschen Internetseiten von DNT. Den besten Einstieg in die Wälder von Marka haben Sie von *Holmenkollen* oder *Frognerseter* aus. Wer nur eine Joggingtour oder einen Ausflug mit den Kindern plant, kann sich von diesen beiden Haltestellen der T-Bahn 1 aus auch auf die Beschilderung entlang der Wanderwege verlassen.

SPORTLICHE LEIDENSCHAFTEN

Beim größten Fußballturnier der Welt – bezogen auf die Teilnehmerzahl – geht es nicht um Geld, sondern dort zählen für Aktive und Zuschauer weiterhin nur der Sport und der Spaß. Auf den Wiesen *Ekebergsletta* im Osten der Stadt treffen sich Anfang August 30 000 Jungen und Mädchen zwischen 10 und 19 Jahren aus rund 50 Nationen von allen Kontinenten, um beim *Norway Cup (www.norwaycup.no)* um den Ball zu spielen. Ein besonderes Erlebnis!

Norwegen ist die Wiege des Skisports und das Skistadion *Holmenkollen* natürlich das Mekka aller Langläufer, Biathleten und Skispringer. Wer im Februar und März in die Hauptstadt kommt, sollte unbedingt vorab unter *www.holmenkollen.com* nachschauen, ob nicht zumindest eine Kreismeisterschaft oder gar eine Weltcup-Veranstaltung ansteht, sich ein Ticket sichern und einmal im Leben Holmenkollen-Luft schnuppern. Unvergesslich!

ESSEN & TRINKEN

Einer, der es wissen sollte, spricht dem Osloer Essen glatt eine eigene Identität ab. Eyvind Hellstrøm, Norwegens erster, aber längst nicht mehr einziger Gewinner des Kochwettbewerbs Bocuse d'Or, ist der bekannteste Koch des Landes und sucht bisher erfolglos nach der wahren „Osloer Küche". Es gibt sie nicht, davon ist Hellstrøm überzeugt. Aber er wie die Besucher Oslos trösten sich sehr gut damit, dass es eine ausgezeichnete internationale Küche gibt.

Natürlich schmecken die alten Hausrezepte wie *kjøttkaker* (Hackfleischklößchen) mit brauner Sauce oder *flesk og duppe*, gebratener Speck mit weißer Sauce und Kartoffeln. Sie sind noch am ehesten so etwas wie „Osloer Nationalgerichte" – sättigend und nicht zu teuer. Ein Fischgericht gehört natürlich auch dazu, aber *fersk torsk*, der frische Dorsch, schmeckt tatsächlich in den Monaten mit „r" am besten, im Sommer also weniger. Und dennoch mangelt es nicht an Spannbreite und Spannung auf dem Osloer Speisezettel, was vor allem dem großen internationalen Angebot zu verdanken ist. Das sorgt im Hochpreisland Norwegen im Übrigen auch dafür, dass Sie günstig und gut essen können. Asiatisches Essen, vor allem die indische und pakistanische Küche, dominiert. Auch der nächste Kebab-Imbiss und ein Würstchengrill sind nie weit weg. Norwegische Kioske oder *gatekjøkken* (Imbisse) halten mit *pølse* (Wurst), gebrüht oder gebraten, an jeder Straßenecke dagegen. Die Norweger sind auf dem bes-

 Bild: Cafe Sorgenfri

Mutters Küche oder lieber Bocuse d'Or? Oslo bietet Weltmeisterliches und Hausgemachtes, aber wenig Klasse in der Mitte

ten Wege, Weltmeister im Verzehren von handlichem Fastfood zu werden. Gourmets trösten sich damit, dass es auch ganz am anderen Ende der Skala genug Auswahl gibt.

Eine kleine Besonderheit in Norwegen: *middag* wird nicht – wie der Name vermuten lässt – am Mittag, sondern gegen Abend gegessen. Die Restaurants füllen sich zumeist ab 19, öffnen aber bereits um 17 Uhr. Ihren Lunch essen Osloer zwischen 11.30 und 14 Uhr auch gern im Restaurant. Viele Gaststätten bieten Lunchkarten mit kleineren, deutlich günstigeren Gerichten an. Bier oder Wein sind teuer, und es ist durchaus üblich, zum Essen nur *vann* (Leitungswasser) zu bestellen. Bezahlt wird in Restaurants, Cafés und Kneipen meist mit Kreditkarte, mit Bargeld nur noch selten. Beachten Sie, dass die meisten Lokale mit „Café" im Namen auch warme Gerichte anbieten, aber nicht unbedingt eine Kuchenkarte haben. Die gibt es in der *konditori*. Auch preislich unterscheiden sich manche Cafés nicht von Restaurants.

Reif für eine Kur? In Dr. Kneipp's Vinbar versteht man sich besonders auf Weinanwendungen

CAFÉS

ÅPENT BAKERI (111 D5) *(F3)*
Traditionelles Bäckereihandwerk vom Feinsten, dazu gemütlich im Garten sitzen. Hier gibt's schon ab 7.30 Uhr Öko-Backwerk und herrlichen Kaffee in den verschiedensten Varianten. *Mo–Fr 7.30–17, Sa 8–16, So 10–15 Uhr | Inkognito Terrasse 1 | Bus 30, 31 | Straßenbahn 12, 13 Solli plass*

INSIDER TIPP **GODT BRØD**
(113 D3) *(K2)*
Die Backstube ist offen, große und kleine Gäste genießen frisches Brot, lecker belegt, und *boller,* also Gebäckteilchen verschiedenster Art – alles ökologisch, deswegen etwas teurer, aber sehr lecker. Es gibt auch Salate. *Tgl. schon ab 6 Uhr geöffnet! | Thorvald Meyers gate 49 | Straßenbahn 11, 12, 13 Olav Ryes plass*. Weitere Filialen: *Theresegate 33* (111 F1) *(H1)*, *Nydalen Allé 1* (109 D3) *(O)* und *Tryvannsveien 63* (120 C2) *(O)*

KAFFEEBRENNERIET (112 A5) *(J4)*
Auch in Oslo schießen Kaffeebars wie Pilze aus dem Boden. *Kaffeebrenneriet* hat in der Stadt 24 Filialen und überrascht mit günstigen Preisen für sehr guten Kaffee. Die Leckereien dazu kommen aus der eigenen Bäckerei. Z. B. *Akersgata 45 | So geschl.* Weitere Filiale im Zentrum: *Storgata 2* (112 B6) *(J4)*

PASCAL KONDITORI (111 E5) *(G4)*
Süße Köstlichkeiten und kleine Mahlzeiten serviert der mehrfach ausgezeichnete Konditor Pascal Dupuy gleich gegenüber dem Schloss. Hier war schon der ehemalige US-Präsident Bill Clinton zu Gast. *Tgl. | Henrik Ibsens gate 36 | Straßenbahn 13, 19 Nationaltheatret*

VALKYRIEN TE & KAFFE
(110 C1) *(F1)*
Wer durch Oslos Westen nahe dem Frognerpark bummelt, sollte hier seine Tee- oder Kaffeepause einlegen. Es duftet herrlich, Sie werden sehr nett bedient.

Der Platz ist begrenzt, aber dafür ist viel Zeit zum Schauen. Nehmen Sie gleich noch ein Päckchen Kaffee mit nach Hause. *Tgl. | Kirkeveien 59 | Straßenbahn 11, 12, 19 | T-Bahn 1–5 Majorstuen*

RESTAURANTS €€€

EKEBERG-RESTAURANTEN ★

(119 D5) *(K–L7)*

Kontinentales Essen hoch über dem Oslofjord mit herrlicher Aussicht. Große Auswahl speziell auch auf der Lunchkarte. *Tgl. | Kongsveien 15 | Tel. 23 24 23 00 | www.ekebergrestauranten.com | Straßenbahn 18, 19 Sjømannsskolen*

LOFOTEN (117 D3) *(G5)*

Das exklusive Fischrestaurant liegt passend am Kai von Aker Brygge. Frischer Fisch und Meeresfrüchte aus Norwegen. Konservativ, aber nie langweilig serviert. *Tgl. | Stranden 75 | Tel. 22 83 08 08 | www.lofoten-fiskerestaurant.no | Straßenbahn 12 Aker Brygge*

MARKVEIEN MAT & VINHUS

(112 C4) *(K3)*

Lange bevor Grünerløkka in war, wurde hier schon französisch mit norwegischen Zutaten gekocht. In der dazugehörenden INSIDER TIPP *Dr. Kneipp's Vinbar* genießen Sie die exklusiven Weine und Teile des Hauptmenüs auch günstiger. *So geschl. | Torvbakkgata 12 | Eingang Markveien | Tel. 22 37 22 97 | www.markveien.no | Straßenbahn 11, 12, 13 Schous plass*

INSIDER TIPP SMALHANS

(112 A3) *(H2)*

Vom scheinbar einfachen Tagesgericht bis zum exklusiven Abendessen – in entspannter Atmosphäre werden Gourmetgerichte für jedermann serviert. Erstklassige Zutaten, professionelle und sorgsame Zubereitung, fantasievolle Namen: *Smalhans* hat drei Gänge, *Krösus* mindestens fünf. *Mo geschl. | Waldemar Thranes gate 10 | Tel. 22 69 60 00 | www.smalhans.no | Bus 21, 37 Sankt Hanshaugen*

STATHOLDERENS MAT & VINKJELLER

(118 A2) *(J5)*

Bent Stiansen versteht es, Feste für den Gaumen zu arrangieren. Er hat seinen berühmten Statholdergaarden um ein Kellerrestaurant erweitert. In den Gewölben aus dem 17. Jh. werden kulinarische Welten zusammengeführt – ob

MARCO POLO HIGHLIGHTS

★ Ekeberg-Restauranten
Ist die Aussicht noch besser als das Essen? Schwer zu sagen → S. 53

★ Lofotstua
Fisch frisch und gut – in einem Ambiente wie bei Fischers zu Hause → S. 55

★ Kontrast
Nordisch kühles Ambiente, aber ein Hochgenuss für den Gaumen → S. 54

★ Maaemo
Gourmeterlebnis mit ungewöhnlichen Kompositionen erstklassiger Zutaten → S. 54

★ Palace Grill
Hier kommt man ohne Karte aus – mit Charme und ungezwungener Atmosphäre → S. 55

★ Lorry
Der Klassiker unter Oslos Kneipen mit illustren Gästen und einfacher Kost → S. 57

Ente oder Dorsch, Hirsch oder Krustentiere: Norwegen trifft auf Asien, Frankreich auf Nordafrika, machen Sie sich auf ein Erlebnis gefasst! *So/Mo geschl. | Rådhusgata 11 | Tel. 22 41 88 00 | www.statholdergaarden.no | Straßenbahn 12, 13, 19 Kongens gate*

RESTAURANTS €€

BRASSERIE 45 (117 E1) (*🕮 H4*)
Gegenüber dem Nationaltheater liegt das Restaurant im 1. Stock des Parteigebäudes der norwegischen Christdemokraten. Die Räume wirken etwas kühl, das Personal gleicht dies durch sehr guten Service aus. Die Karte bietet vier 3-Gänge-Menüs, der Mix aus asiatischer und französischer Küche ist durchweg gelungen. *Mo–Do 15–23, Fr/Sa 14–24, So 14–22 Uhr | Stortingsgaten 20 | Eingang Roald Amundsens gate | www.brasserie45.no | Bus 30, 31, 32, 54, 70, 74 | Straßenbahn 13, 19 Nationaltheatret*

CAFE SORGENFRI (117 D2) (*🕮 G5*)
Restaurant mit ausgeprägtem dänischen Touch. Vor allem die Lunchgerichte passen zur maritimen Umgebung. Es gibt u. a. Hering, Garnelen, hausgemachte Frikadellen – und Aquavit dazu. *Tgl. | Bryggetorget 4 | Tel. 21 50 10 90 | www.cafesorgenfri.no | Straßenbahn 12 Aker Brygge*

GOURMETTEMPEL

Feinschmecker (110 B4) (*🕮 E3*)
Bürgerlich ist das Restaurant im Stadtteil Frogner, klassisch der Stil der Küche. Der Küchenchef – Silbermedaillengewinner beim internationalen Kochwettbewerb *Bocuse d'Or* – erreicht im Feinschmecker europäisches Spitzenniveau. Spezialität: Eismeersaibling. Hauptgerichte ab 42 Euro. *So geschl. | Balchens gate 5 | Tel. 22 12 93 80 | Bus 30, 31 Frogner kirke*

Kontrast ★ (112 C3) (*🕮 J3*)
Im nüchtern-nackten Ambiente lenkt nichts vom puren Gaumengenuss ab. Der Schwede Mikael Svensson serviert Menüs bis zehn Gängen mit meist skandinavischen Bio-Zutaten. Der erste Michelinstern ist bereits erobert. 10-Gänge-Menü ohne Getränke 135 Euro. *So/Mo geschl. | Maridalsveien 15a | Tel. 21 60 01 01 | www.restaurant-kontrast.no | Bus 54 Maridalsveien*

Maaemo ★ (118 C2) (*🕮 K5*)
Mit Blick aufs moderne Oslo ist der Abend im einzigem Restaurant der Stadt mit zwei Michelinsternen eine kulinarische Reise. Küchenchef Espen Holmboe Bang verwandelt nordische Bio-Zutaten aus dem Meer, den Wäldern und Hochebenen in traumhafte 9 bis 10-Gänge-Menüs. Menü ohne Wein: ca. 300 Euro. *So geschl. | Schweigaards gate 15b | Tel. 22 17 99 69 | maaemo.no | T-Bahn 1–5 Oslo S*

Statholdergaarden (118 A2) (*🕮 J5*)
Exklusives Lokal im Ambiente des 18. Jhs. und Essen vom Allerfeinsten. Saisonale norwegische Zutaten verzaubert der Michelinsternträger Bent Stiansen auf zugleich klassische und fantasievolle Art. Hauptgerichte ab 40 Euro. *So geschl. | Rådhusgata 11 | Tel. 22 41 88 00 | www.statholdergaarden.no | Straßenbahn 12, 13, 19 Kongens gate*

KAFFISTOVA (118 A1) *(🕮 H4)*
Typisch norwegisches Essen gibt es in der Kaffistova des *Hotell Bondeheimen*, z. B. *raspeballer* (Klöße von der Westküste) und *boknafisk*, rauchgetrockneten Klippfisch. *Mo–Fr 11–21, Sa/So 11–19 Uhr | Rosenkrantz' gate 8 | Tel. 23 21 42 10 | Straßenbahn 11, 17, 18 Stortorvet*

LOFOTSTUA ★ (110 C1–2) *(🕮 F1)*
Einmal richtig norwegisch Fisch essen – ohne Schnickschnack und mit der Ungezwungenheit Nordnorwegens als erfrischende Zutat beim Service. *Mo–Fr ab 15 Uhr | Kirkeveien 40 | Tel. 22 46 93 96 | Bus 20 | Straßenbahn 11, 12, 19 | T-Bahn 1–5 Majorstuen*

INSIDER TIPP NYDALEN BRYGGERI OG SPISERI (109 D3) *(🕮 0)*
Mikrobrauerei und Restaurant in einem, und wie es sich für eine Bierkneipe gehört, gibt es deftige Mittagsgerichte wie Hamburger, Kassler, Schweinerippchen u. a. Gebraut wird mitten im Restaurant, was zur rustikalen Atmosphäre passt. *Tgl. | Nydalsveien 30a | Tel. 22 23 94 40 | www.nydalenbryggeri.no | Bus 37 Nydalsveien*

PALACE GRILL ★ (111 D5) *(🕮 F4)*
Oslos bester Tipp für alle, die das Ungezwungene lieben. Es gibt weder Speise- noch Weinkarte, sondern nur das Zehn-Gänge-Menü des Tages, das gern auf die Wünsche der Gäste zugeschnitten und aus besten Zutaten bereitet wird. 23 Sitzplätze, Vorbestellung ist – zumindest Do–So – absolut notwendig! *So und Mitte Juli–Mitte Aug. geschl. | Solligata 2 | Tel. 23 13 11 40 | Straßenbahn 12, 13 | Bus 30, 31 Solli plass*

STRAND (121 E3) *(🕮 0)*
Das perfekte Ausflugsziel, wenn man hungrig ist: Hier gibt es frische belegte Brote, ein Lunchmenü frei von Zusatzstoffen – und einen tollen Bick über den Fjordarm mit der Marina. *Mo geschl. | Strandalléen 48 | Tel. 67 53 05 75 | www.strandrestaurant.no | Bus 151 ab Oslo S Strand*

Restaurant Strand: kühles Ambiente, leckeres Essen

RESTAURANTS €

ASYLET ● (119 D1) *(🕮 L4)*
Das Haus (um 1730 gebaut) war u. a. ein Kinderheim, daher der Name. In dem recht dunklen historischen Lokal und im pittoresken Hinterhof wird Einfaches wie *smørebrød* (belegte Brötchen) und gebratener Lachs mit Bier gereicht. *Tgl. | Grønland 28 | Tel. 22 17 09 39 | www.asylet.no | T-Bahn 1–5 Grønland*

SPEZIALITÄTEN

elgsteak – Elchbraten, mit Gemüse und gratinierten Kartoffeln serviert
finnbiff – fein geschnittenes Rentierfleisch mit Sauerrahmsauce und braunem Ziegenkäse
kjøttkaker – Hackfleischklößchen mit brauner Sauce (Foto li.)
kokt torsk – pochierter Kabeljau, dazu Kartoffeln und Karotten
linje akevitt – Aus Kartoffeln gebrannter Aquavit schippert im Eichenfass zweimal über den Äquator und reift dabei. Auf der Rückseite des Etiketts steht, auf welchem Schiff der hochprozentige Norweger die Weltreise machte
moltekrem – Moltebeeren mit Schlagsahne verrührt
øl – Norwegisches Bier ist nach dem Reinheitsgebot gebraut. Die leichteren Varianten für den Sommer heißen *sommerøl* oder *skjærgårdsøl*
reker – Garnelen, im Sommer mit Weißbrot, Mayonnaise, Zitrone und Weißwein gereicht (Foto re.)
rømmegrøt – Brei aus Sauerrahm und Milch. Schmeckt am besten mit *spekemat*
saft – Sirup aus schwarzen Johannisbeeren *(solbær)* oder anderen Fruchten. Als *toddi* wird er auch warm getrunken
spekemat – gepökeltes Schweinefleisch, Lammfleisch *(fenalår)* und Würste
tilslørte bondepiker – „verschleierte Bauernmädchen", ein Dessert aus gerösteten Brotkrumen, Apfelmus und Schlagsahne
vafler – norwegische Waffeln, mit Sauerrahm, braunem Ziegenkäse *(geitost)* oder Marmelade serviert
vørterøl – alkoholfreies ungegärtes Getränk aus Wasser, Malz und Hopfen

CURRY & KETCHUP (110 C1) *(🕮 F1)*
Langweiliger Name, aber variantenreich ist die indische Karte. Service und Atmosphäre sind manchmal etwas hektisch, was auch daran liegt, dass es immer Gäste gibt, die auf einen Platz warten. Tipp: Bestellen Sie Salat zum Hauptgericht – immer frisch! *Tgl. 13–24 Uhr | Kirkeveien 51 | Tel. 22 69 05 22 | Straßenbahn 12 Frogner stadion*

DØGNVILL BAR & BURGER
(112 C3) *(🕮 J2)*
Selbst gemachte Hamburger, zwischen Ökobrotscheiben, dazu frisches Gemüse und krosse Pommes. Das helle

Barambiente erinnert an Industrielokale. *Tgl. | Maridalsveien 13 | Tel. 21 38 50 10 | Bus 54 Møllerveien*

FREDDY FUEGO BURRITO BAR

(112 C4) (*K3*)

Für Freunde der mexikanischen Küche: Burritos und selbst gemachte Salsa. Das Fleisch ist perfekt mariniert, der Geheimtipp heißt INSIDER TIPP Freddys Revenge. *Di–So 11–21 Uhr | Hausmanns gate 31a | Straßenbahn 12 Hausmanns gate | Bus 34, 54 Jakob kirke*

LORRY ★ (111 E3) (*G2*)

Journalisten, Politiker, Kulturpersönlichkeiten – wer etwas auf sich hält oder wissen möchte, worüber geredet wird, kommt hierher, bestellt ein gepflegtes Bier vom Fass (mehr als 100 Biersorten) und fühlt sich wie zu Hause. Das Interieur ist ein Mischung aus Großvaters Wohnzimmer und englischem Pub, ab 22 Uhr wird es hier richtig voll. *Tgl. | Parkveien 12 | Tel. 22 69 69 04 | Straßenbahn 17, 18 Holbergs plass*

INSIDER TIPP OLYMPEN MAT & VINHUS

● (113 E6) (*L4*)

Wer Grønland kennt, der kennt dieses Traditionslokal auch als „Lompa“. Hier werden Rentier, gekochter Dorsch oder *sursild* (saurer Hering) in reichlichen Portionen serviert. *Tgl. | Grønlandsleiret 15 | Tel. 24 10 19 99 | T-Bahn 1–5 Grønland*

OSTEBUTIKKEN (113 D2) (*K2*)

Oslos kleinstes Bistro (fünf Tische) erwartet neugierige Gaumen mit Bouillabaisse, Cassoulet und einer herrlichen Käseplatte. Ein kleines Stückchen Frankreich mitten im Trendviertel Grünerløkka. *Mo–Sa 12–16 Uhr (Geschäft ab 10 Uhr) | Thorvald Meyers gate 27 | Tel. 22 37 80 65 | www.ostebutikken.com | Bus 30 | Straßenbahn 11, 12, 13 Birkelunden*

INSIDER TIPP SAGENE LUNSJBAR

(108 C5) (*0*)

Kurz vor dem Abbruch wurde das Lokal im Nordosten Oslos gerettet, das Jung und Alt, Nachbarn und Gäste von weither gleichermaßen freundlich empfängt. Einfache, gute Kost zu erschwinglichen Preisen. *Mo–Fr ab 11, Sa/So ab 12 Uhr | Maridalsveien 153 | Tel. 98 44 89 00 | Bus 20, 37, 54 Arendalsgata*

RESTAURANT SCHRØDER

(112 A3) (*H2*)

Im Schrøder herrscht ungezwungene Kneipenatmosphäre mit rotweißen Tischtüchern. Das Stammlokal von Harry Hole, dem berühmten Polizeiinspektor aus den Jo-Nesbø-Krimis. *Flesk og duppe* ist nur eins der typisch norwegischen Gerichte auf der Karte. *Tgl. | Waldemar Thranes gate 8 | Tel. 22 60 51 83 | Bus 21, 37, 46 Sankt Hanshaugen*

LOW BUDG€T

Wer zufällig an einem Montag in Oslo ist und wirklich Hausgemachtes für wenig Geld essen möchte, schaut in *Dovrehallen* **(112 C5)** (*J4*) (*Storgata 22 | Straßenbahn 11, 12, 13, 17 Brugata*) vorbei.

Den besten Kebab in Oslos „Kebabstraße“ gibt's im *Marino Grill* **(112 C5)** (*J4*) (*Torggata 29 | Bus 34, 54 Jakob kirke*).

Man muss kein Student sein, um für 50 Kronen in der Studentenkantine *Frederikke Mathus* **(0)** (*0*) (*Mo–Do 10–19, Fr 10–18 Uhr | Problemveien 11 | T-Bahn 4, 5 Blindern*) in Blindern günstig essen zu dürfen.

EINKAUFEN

WOHIN ZUERST?
Karl Johans gate (112 A–B 5–6) (*H–J4*): In Neben- und Querstraßen südlich und nördlich des Boulevards in der Stadtmitte liegen zwischen Dom und Schloss große Einkaufszentren wie das **Christiania Glasmagasin**, **Steen & Strøm Magasin** und das exklusive **Eger**. Noch exklusiver kaufen Sie weiter westlich in **Frogner** im Bogstadveien ein. Dort sind die Luxusboutiquen meist etwas teurer als in anderen Länder. In **Grønland** hinterm Hauptbahnhof geht es exotischer, bunter und günstiger zu, v. a. rund um **Grønlands torg**.

***Lusekofte,* die norwegische Jacke mit den Tupfen (*luse* heißt Läuse), oder ein Norwegerpullover sind seit Langem beliebte Mitbringsel aus dem kühlen Norden.**

Weniger bekannt, aber ein passendes Geschenk für Männer ist die *busserull.* Dieses gestreifte Bauernhemd wurde von Akademikern mit Sehnsucht nach Landleben wieder salonfähig gemacht. Manche tragen es heute in Norwegen sogar bei festlichen Gelegenheiten. Käsehobel, samischer Schmuck und Kunsthandwerk, ein Rentierfell, ein Wikingertrinkbecher aus Silber oder Zinn oder ein Holztrinkbecher landen oft auf der Einkaufsliste.

Oslos große Shoppingzentren in der Stadtmitte garantieren auch bei schlechtem Wetter Einkaufsspaß.

Glaskunst, Fisch und Lusekofte: Traditionelles Handwerk und modernes Design prägen Oslos Warenwelt. Und haben ihren Preis

BIOPRODUKTE

Lebensmittel aus biologisch-dynamischem Anbau gibt es in den Filialen von *Helios*, die beste Auswahl in *Grünerløkka* (112 C5) (*K4*) *(Storgata 53a)* und *Smalgangen* (113 D6) (*K4*). Die Reformhaus-Kette *Life* bietet viele Bioprodukte an. In besser sortierten Supermärkten finden Sie *Fairtrade-Max-Havelaar*-Produkte. Alle ökologisch produzierten Waren in Norwegen tragen das internationale Warenzeichen *Debio.*

DESIGN & KUNST

DOGA NORSK DESIGN- OG ARKITEKTURSENTER ★ (112 C4) (*K3*)

Innen wie außen sehr sehenswert: Ausstellungen und Verkauf in den restaurierten Gebäuden einer ehemaligen Transformatorenstation direkt am Fluss Akerselva. Sie finden hier preisgekröntes und anderes norwegisches Design, darüber hinaus Architekturbücher u. a. *Hausmanns gate 16 | www.doga.no | Bus 34, 54 Jakob kirke*

INSIDER TIPP **KUNSTNERFORBUNDET**
(117 E1) (*H4*)
150 norwegische Gegenwartskünstler sind im Künstlerverband organisiert. Hinter dem Rådhuset liegt die Galerie, in der ihre Werke von Collagen über Skulpturen bis hin zu Holzarbeiten gezeigt und verkauft werden. *Kjeld Stubs gate 3 | www.kunstnerforbundet.no | Straßenbahn 12 Rådhusplassen*

gate 54 | www.romforide.no | Straßenbahn 12 Frogner stadion

EINKAUFSSTRASSEN & -ZENTREN

BOGSTADVEIEN ★
(111 D2) (*F–G 1–2*)
Die Shoppingmeile zwischen Schlosspark und Majorstua ist sündhaft teuer. Vom feinen Gemüsehändler über exklusive Mode- und Schuhgeschäfte bis zum Helly-Hansen-Brand-Store gibt es hier alles, was das Luxus liebende Herz höherschlagen lässt. *Frogner | www.bogstadveien.no | Straßenbahn 19 Rosenborg*

Mathallen: Hier wurde früher Eisen gegossen, heute gibt's Delikatessen

NORWAY DESIGNS (111 F5) (*I14*)
Textilien, Glaskunst sowie Schmuck in modernem norwegischen Design erstehen Sie hier. Besonders exquisit sind die kunstvollen Gläser. *Stortingsgata 28 | www.norwaydesigns.no | Straßenbahn 13, 19 | T-Bahn 1–5 Nationaltheatret*

ROM FOR IDÉ (108 A6) (*O*)
Ideenzentrale norwegischer Möbeldesigner in einer ehemaligen Molkerei im Stadtteil Majorstuen. Die Galerie zeigt auch Kunsthandwerk, hier nimmt man sich Zeit für die Beratung. Erworbenes wird gern nachgeschickt. *Jacob Aals*

EGER (118 A1) (*H4*)
Kleider, Accessoires und Schmuck im oberen Preissegment verkaufen die Geschäfte im Einkaufszentrum Eger. Die norwegische Spitzenlangläuferin Therese Johaug ist Haus-Model. *Karl Johans gate 23b | www.egerkarljohan.no | T-Bahn 1–5 Stortinget*

GRØNLAND ★ (113 D6) (*🗺 K–L4*)
Einwanderer aus aller Welt, besonders aus Pakistan, prägen dieses bunte Viertel und das Warenangebot. Bollywood-Filme, Mode von *Sheikhs Fashion,* Gemüse von *Batat Import* – alles ist am und um den Platz *Grønlands torg (www.gronlandstorg.no)* zu haben. Besuchen Sie den *Grønland Basar*, sehen Sie in der Ferne die Minarette der Moschee, und Sie sind in Gedanken fern einer skandinavischen Hauptstadt. *T-Bahn 1–5 Grønland*

STEEN & STRØM MAGASIN ●
(118 A2) (*🗺 J4*)
Oslos berühmtestes Einkaufszentrum versorgt die norwegische Hauptstadt seit 1797 mit kontinentalen Waren. In dem renovierten Zentrum sitzen Geschäfte für Damenmode, Sportartikel, Parfüm und Lebensmittel. Auswahl und Preise halten deutlich gehobenes Niveau. *Kongens gate 23 | www.steenogstrom.no | Bus 74 Kongens gate*

VULKAN (112 C3) (*🗺 J–K2*)
Das ehemalige Industriegelände ist zu einem trendigen Wohn-, Kultur- und Einkaufsviertel mutiert. Am Akerselva zwischen Grünerløkka und Stadtmitte liegt auch INSIDER TIPP *Mathallen (Vulkan 5 | mathallenoslo.no)*, wo Sie in einer alten Eisengießerei auserlesene Lebensmittel finden. *Bus 34, 54 Telthusbakken*

FISCH

Geräucherter Fisch lässt sich problemlos nach Hause transportieren. Räucherlachs ist eine sichere Sache, auch im Supermarkt gibt es gute Ware. Achten Sie auf das Haltbarkeitsdatum des eingeschweißten Stücks. Finden Sie mit *einebær* (Wacholder) geräucherten Lachs, sollten Sie ihn unbedingt kaufen. Andere Spezialitäten sind *røkt kolje* (geräucherter Schellfisch) und *røkt blåkveite* (geräucherter schwarzer Heilbutt). Im Fischgeschäft wird der Fisch auch für Sie vakuumiert (meist ohne Aufpreis).

INSIDER TIPP **GEORG NILSEN FISK & VILT** (111 D2) (*🗺 F1*)
„Fiske-Nilsen" ist Oslos ältestes Fischgeschäft mit der besten Auswahl an Fisch- und Wildspezialitäten. Allein der Blick auf die Auslagen ist ein Genuss. Kaufen Sie sich ein Päckchen *klippfisk* – getrockneten und gesalzenen Fisch, der mit Kartoffeln, Zwiebeln, Tomaten und Paprika zum herrlichen Fischeintopf namens *bacalhau* wird. Rezepte gibt's im Laden. *Bogstadveien 39 | www.georganilsen.no | Straßenbahn 11, 19 Bogstadveien*

LAKSEN FISK OG VILT (109 D5) (*🗺 O*)
Leider ein wenig entfernt vom Zentrum gelegen, aber eins der besten Fischge-

MARCO POLO HIGHLIGHTS

★ **DogA Norsk Design- og Arkitektursenter**
Mehr Geschmackvolles als Nützliches, ein Genuss für die Sinne
→ S. 59

★ **Bogstadveien**
Shoppingmeile, auf der Geld keine Rolle spielt → S. 60

★ **Grønland**
Fernes statt Feines in Oslos multikulturellem Hinterhof
→ S. 61

★ **Husfliden**
Vom Käsehobel bis hin zur kompletten Tracht – hier finden Sie norwegische Traditionsware aus allen Ecken des Landes
→ S. 62

schäfte Oslos. Hier erstehen Sie neben Fisch und Wild auch Hausgemachtes wie Heringssalate, Preiselbeermarmelade und Moltebeersahne. *Maridalsveien 188 | www.laksen.no | Bus 37, 54 Advokat Dehlis plass*

GLAS & KERAMIK

INSIDER TIPP **BRUDD** (112 C3) (*🕮 K2*)
Brudd besteht seit Mitte der 80er-Jahre und ist eine Art Kooperative von 20 Künstlern, die kunstvolle Keramik, Glas, Schmuck und anderes Kunsthandwerk von hoher Qualität anbieten. *Markveien 42a | www.brudd.info | Straßenbahn 11, 12, 13 Schous plass*

LOW BUDG€T

In der Gebrauchtladenkette der Heilsarmee *Fretex* **(112–113 C–D3) (*🕮 K2*)** *(Olaf Ryes plass 3 | www.fretex.no | Straßenbahn 12 Olaf Ryes plass)* gibt es vom Sportartikel bis zum Abendkleid nahezu alles, mit etwas Glück ergattern Sie einen echten Norwegerpulli. Norwegisches Glas oder ein Bild finden Sie im Gebrauchtwarenladen *Maritabutikken* **(112 C4) (*🕮 K3*)** *(Markveien 67 | www.marita.no | Straßenbahn 11, 12, 13 Schous plass)*. Die Einnahmen helfen Drogenabhängigen.

An Oslos *Youngstorget* **(118 B1) (*🕮 J4*)** *(Straßenbahn 11, 12, 13, 17 Brugata)* stellen täglich bis zu 30 Marktverkäufer ihre Stände auf. Von günstigen norwegischen CDs über heimischen Honig bis zu Militärartikeln wird alles angeboten – oft zu günstigen Preisen.

CHRISTIANIA GLASMAGASIN
(118 A1) (*🕮 H4*)
Nahe dem Parlament spricht das Einkaufszentrum die Sinne an: Porzellan, Kristall, Glas – u. a. aus der berühmten Glasbläserei Hadeland – werden angeboten. *Lille Grensen 5 | www.cg.no | T-Bahn 1–5 Stortinget*

GLAZED & AMUSED ●
(112 C2) (*🕮 K2*)
Wer Töpferarbeiten mag, hat in dieser Galerie und Werkstatt viel Spaß. Denn hier dürfen Sie auch selbst töpfern, mit Farben arbeiten und spielen. Die Arbeit dauert etwa zwei Stunden, richtig durchgetrocknet ist das eigene Werk allerdings erst nach einer Woche. *Markveien 25 | www.glazedandamused.no | Straßenbahn 11, 12, 13 Olav Ryes plass*

NORWEGISCHES

An den zentralen Plätzen *Youngstorget* und *Stortorvet* sowie an der *Karl Johans gate* gibt es viele Souvenirgeschäfte und im Sommer Marktstände, die norwegische Souvenirs verkaufen. Aufgepasst: Die Norwegerpullis sind nicht selten in China gestrickt!

HEIMEN (112 A5) (*🕮 H4*)
Gleich neben dem *Hotell Bondeheimen* wird norwegischer *husflid* – also Handgemachtes verschiedener Art – angeboten: Trachten und *lusekofte, busserull*-Hemden und traditioneller wie moderner norwegischer Schmuck. *Rosenkrantz' gate 8 | www.heimen.no | Straßenbahn 11, 17, 18 Tinghuset*

HUSFLIDEN ★ (118 B1) (*🕮 J4*)
Wer möchte, kann in diesem Geschäft die Tracht jeder Region Norwegens kaufen oder auch nur bestaunen. Außerdem gibt's Handwerkliches wie Schmuck,

Vielleicht nicht das originellste Mitbringsel, aber bestimmt eins der wärmsten: Norwegerpulli

Hübsches und Praktisches aus Holz, Elchpantoffeln und Rentierfelle. *Stortorvet 9 | www.dennorskehusfliden.no | Straßenbahn 11, 17, 18 Stortorvet*

SPORTSNETT (117 E1) (*🕮 H4*)
Outdoor ist ein Teil der norwegischen Identität. Will man zum Nordpol gehen oder auch nur eine längere Wanderung planen – hier gibt's die komplette Ausrüstung dazu. *Olav V's gate 6 | www.sportsnett.no | Bus 30, 70 | Straßenbahn 13, 19 | T-Bahn 1–5 Nationaltheatret*

UFF (118 B2) (*🕮 J5*)
Das Geschäft bietet ein umfassendes Angebot mit traditionell norwegischer Bekleidung aus zweiter Hand. *Jernbanetorget 2 | www.uffnorge.org | T-Bahn 1–5 Oslo S*

VINMONOPOLET (112 C3) (*🕮 K2–3*)
Weine und Hochprozentiges gibt es nur in den staatlichen Monopolläden, die meist als Selbstbedienungsläden konzipiert sind. Bei *Vinmonopolet* in Grünerløkka sind uniformierte Verkäuferinnen zwar Geschichte, Sie können aber noch ganz stilgerecht, teuer und mit freundlicher Bedienung eine Flasche *Linje Akevitt* kaufen. Die Filiale liegt übrigens in den ehemaligen Räumen von *Beckers*, früher eine der berühmtesten Kneipen der Stadt. *Nordre gate 16/Ecke Markveien | www.vinmonopolet.no | Straßenbahn 11, 12, 13 Olaf Ryes plass*

SILBER & SCHMUCK

THUNE (117 F1) (*🕮 H4*)
Norwegens bekanntester und größter Juwelier hat in der Hauptstadt viele Filialen. Das Geschäft in einem Eckhaus am Platz Egertorget an der Karl Johans gate gibt es seit 1861. Das Angebot an klassischem Schmuck und Uhren ist enorm. *Stortingsgata | www.thune.no | T-Bahn 1–5 Stortinget*

AM ABEND

CITY WOHIN ZUERST?
Aker Brygge (117 D2) *(G5)* und **Youngstorget (118 B1)** *(J4)*: Der Platz Youngstorget oberhalb vom Dom und nördlich von Karl Johan ist Herz und Zentrale der norwegischen Arbeiterbewegung und -partei. Um den Platz herum wimmelt es von Kneipen und Bars, die lieber gemütlich oder gar schmuddelig als elegant daherkommen. Auch gute Clubs liegen in der Umgebung. Wer gern sein Bier mit Blick aufs Wasser trinkt, ist gerade im Mittsommernachtslicht auf der Amüsiermeile Aker Brygge direkt am Oslofjord gut aufgehoben.

Alle wissen, dass Alkohol in Norwegen teuer ist. Deshalb bringen sich Osloer bei privaten Zusammenkünften (auf Norwegisch „Vorspiel" genannt) mit Mitgebrachtem in Stimmung, bevor sie ins Café – das durchaus eine Kneipe sein kann – oder die Bar aufbrechen.

Davon gibt es in Oslo zuhauf, ebenso wie Club- und Konzertbühnen. Oslo schnappt Trends auf und schafft ständig neue: Musikalisch hat die Stadt sehr viel zu bieten, Gratiskonzerte und immer neue Straßenlokale machen einen lauen, hellen Sommerabend zum Erlebnis. Langeweile kommt nicht auf, schwieriger ist es, ab 21 Uhr noch ein stilles Plätzchen zu finden. Übrigens: Das norwegische Gesetz verbietet den Ausschank von Spirituosen an Personen unter 20 Jahren, weshalb

 Bild: Club Blå, Grünerløkka

Am liebsten live – zwischen Jazz, Rock und Klassik beginnt auf Oslos Bühnen, in coolen Clubs und gemütlichen Cafés die Nacht

einige Clubs, Bars und Diskotheken ihren Gästen dies als Mindestalter setzen. Und es gibt eine Sperrstunde: Um 3.30 Uhr spätestens sind alle Gaststätten geschlossen.

BALLETT/KONZERT/THEATER

INSIDER TIPP DANSENS HUS
(112 C3) (*🕮 K2*)
Der moderne Tanz residiert in einstigen Werkstätten im Stadtteil Grünerløkka. Die Vorstellungen großartiger nationaler und internationaler Tanzensembles halten ein stets hohes Niveau. *Tickets Mo–Fr 16–20 Uhr, Sa/So ab 2 Std. vor Vorstellungsbeginn oder Tel. 23 70 94 25 | Møllerveien 2 | www.dansenshus.com | Bus 54 Møllerveien | Straßenbahn 11, 12, 13 Schous plass*

KONSERTHUSET (117 D–E1) (*🕮 G4*)
Im Stammhaus der klassischen Musik sind die Osloer Philharmoniker zu Hause. Neben ihren eigenen Auftritten präsentieren sie regelmäßig weltberühmte,

Bar Boca: Hier werden Sie in eine andere Zeit versetzt

aber auch norwegische Gäste wie etwa den Pianisten Leif Ove Andsnes oder den Trompeter Ole Edvard Antonsen auf ihrer Konzertbühne. *Kartentel. 23113111 | Mo–Fr 11–17, Sa 11–14 Uhr | Munkedamsveien 14 | www.oslokonserthus.no | Straßenbahn 12 Aker Brygge oder 13, 19 Nationaltheatret*

DEN NORSKE OPERA OG NASJONALBALLETT ★ ● (118 C3) (*J–K5*)
Eben noch mitten im Osloer Straßengewirr, plötzlich weißer, bis in den Fjord gleitender Marmor. Im monumentalen Osloer Opernhaus mit zwei Bühnen sind Staatsoper und Nationalballett zu Hause. Die Akustik soll zu den besten weltweit gehören. Die Ticketpreise variieren, die Karten kosten zwischen 140 und 1600 Kronen. *Kartentel. 21422121 | Ticketschalter in der Eingangshalle Mo–Fr 10–19, Sa 11–18, So 12–18 Uhr | Kirsten Flagstads plass 1 | www.operaen.no | alle T-Bahnen Oslo S*

BARS

INSIDER TIPP **BAR BOCA**
(113 D2) (*K2*)
In der Bloody Mary ist ein ganzer Salat, der Mojito gilt als der beste der Stadt. Die im Retrolook gestaltete Bar Boca ist sehr klein, hat aber für die Raucher auch ein paar Stühle auf dem Bürgersteig. *Thorvald Meyers gate 30 | Straßenbahn 11, 12, 13 Olaf Ryes plass*

BIBLIOTEKSBAREN (117 F1) (*H4*)
Klassische, dunkle Hotelbar mit Kronleuchter und tiefen Chesterfield-Sesseln. Hier treffen sich Finanz- und Kulturelite zum kühlen Bier und leisen Plausch. Im Hintergrund spielt ein ewig junger Pianist. *Kristian IV's gate 7 | Straßenbahn 11, 17, 18 Stortorvet*

JUSTISEN (118 B1) (*J4*)
Früher wurden hier Särge genagelt, jetzt treffen sich in den verwinkelten Räu-

men im 1. Stock Anwälte, Beamte und Politiker. Gartenrestaurant im Innenhof. *Møllergata 15 | Tel. 22 42 24 72 | www.justisen.no | Straßenbahn 11, 17, 18 Stortorvet*

LITTERATURHUSET ★ ●

(111 E4) (*🕮 G3*)

Oslos Haus der Literatur residiert seit 2007 in der ehemaligen Lehrerhochschule am Schlosspark. Schauen Sie unbedingt ins *Café* rein. Hier gibt es eine sehr gute Karte mit gesundem Essen, leckeren Getränken und viele nette Leute. *Wergelandsveien 2 | www.litteraturhuset.no | Straßenbahn 17, 18 Holbergs plass*

OSLO MEKANISKE VERKSTED ★

(119 D2) (*🕮 K4*)

Niemand hat versucht, die Spuren der ehemaligen Schlosserwerkstatt zu beseitigen. Im Backsteinbau zwischen Bahnhof und Grønland tritt sich die Kulturbohème zum Abhängen, es gibt nur Drinks und Erdnüsse, dafür aber immer eine ruhige Ecke für ein entspanntes Gespräch. *Tøyenbekken 34 | www.oslomekaniskeverksted.no | Straßenbahn 18, 19 Bussterminalen Grønland*

Q LOUNGE TAKTERRASSE & BAR

(118 A2) (*🕮 H5*)

Mit einem Cocktail auf der Dachterrasse des Designhotels *Grims Grenka*: der perfekte Ort für laue Sommerabende. Am Fr und Sa bricht ein DJ die Abendruhe auf. Eine der besten Dachbars Europas, die Sitzgelegenheiten sind aber nicht rückenfreundlich. *Kongens gate 5 | Bus 74 Rådhusgata*

CLUBS & DISKOTHEKEN

CAFE MONO (112 B5) (*🕮 J4*)

Hier legt das Publikum keinen Wert darauf, schick zu sein. Stil und Musik – von Jazz bis Country, von Rock bis Indi-Pop – betonen das Echte. *Mindestalter am Wochenende 22 Jahre | Pløens gate 4 | www.cafemono.no | Straßenbahn 11, 12, 13, 17 Brugata*

CAFÉ SØR (118 B1) (*🕮 J4*)

Am Tag ein Café (mit leckeren Sandwichs!), zum Feierabend Cocktailbar und schließlich Tanzladen. Die DJs legen je nach Wochentag in alle Richtungen auf, hier geht's ganz locker zu, und trotzdem läuft irgendwann der Schweiß. *Torggata 11 | www.cafesor.no | Straßenbahn 11, 12, 13, 17 Brugata*

INSIDER TIPP DATTERA TIL HAGEN

(119 D1) (*🕮 K4*)

Der Laden „Hagens Tochter" beansprucht gleich zwei Etagen. Unten bekommen Sie Burger, Pasta, Sandwichs und Tapas ser-

MARCO POLO HIGHLIGHTS

★ Den Norske Opera og Nasjonalballett
Oslos Jahrtausendbauwerk bietet feinste Kultur für Jedermann → S. 66

★ Oslo Mekaniske Verksted
Die Kneipe im Backsteingemäuer ist pure Industriegeschichte. Der Ort für entspannte Gespräche → S. 67

★ Litteraturhuset
Das Haus der Literatur ist eine schöne Adresse für entspannte oder hochgeistige Gespräche bei Kaffee und Salat → S. 67

★ Blå
Warten zahlt sich aus: Liveacts für Kenner im Musiklokal von Weltruf → S. 69

viert, oben gehen Konzerte und anderes über die Bühne. Ein gemütlicher und lebendiger Club in Grønland. *Grønland 10 | Tel. 22 17 18 61 | www.dattera.no | T-Bahn 1–5 Grønland*

INSIDER TIPP HERR NILSEN
(118 A1) *(🕮 H4)*
Jazz fürs Volk ist die Devise dieses Clubs. Die Stilrichtung ist traditionell. Findet kein Konzert statt, ist Herr Nilsen Bar und Café. *C. J. Hambros plass 5 | www.herrnilsen.no | Straßenbahn 11, 17, 18 Tinghuset*

INTERNASJONALEN (118 B1) *(🕮 J4)*
Am „roten Platz" von Oslo, wo die Sozialdemokraten und der Gewerkschaftsbund residieren, kann ein Musikclub nur „Internationale" heißen. Allerdings steht dort nicht Gleichklang, sondern Rock im Mittelpunkt. Draußen gibt es Bier bis 3 Uhr. Dienstags ist hier wie in vielen Osloer Cafés und Kneipen Quiztag. Und beim INSIDER TIPP Oslo-Pop-Quiz an jedem 1. Dienstag im Monat können auch Fünferteams gewinnen, die des Norwegischen nicht so mächtig sind. *Youngstorget 2 | www.internasjonalen.no | Straßenbahn 11, 12, 13, 17 Brugata*

JÆGER (112 B6) *(🕮 J4)*
Mitten in der Stadt liegt dieser angesagte Club, der neben DJ an allen Abenden auch ab und an Konzerte und After-Show-Partys bietet. *Grensen 9 | www.jaegeroslo.no | Straßenbahn 17, 18 Stortorvet*

THE VILLA (118 B1) *(🕮 J4)*
Der Osloer Spot für Clubmusik. Norwegische und internationale DJs sorgen für harte Rhythmen bis in die Morgenstunden. *Møllergata 23 | www.thevilla.no | Straßenbahn 17, 18 Stortovet*

LOW BUDG€T

Wer nur ein schnelles und billiges Osloer Bier trinken möchte, macht am *Stargate Pub* **(113 D6)** ***(🕮 K4)*** *(Grønland 2a)* direkt hinter der Brücke zum Stadtteil Grønland Halt. Der halbe Liter kostet unter 6 Euro.

Im Sommer gibt es viele *Gratiskonzerte* mit Pop, Rock oder Volksmusik, u. a. auf dem *Rathausplatz* **(117 E2)** ***(🕮 H4–5)***. Termine bei der Touristeninfo und in der kostenlosen Zweimonatsbroschüre „What's on in Oslo". Eine Übersicht auf Deutsch bietet *short.travel/osl14*.

In der und um die *Oper* **(118 C3)** ***(🕮 J–K5)*** herum finden ständig Matineen und Konzerte statt (freier Eintritt). Auch im Sommer wird einiges geboten. Halten Sie Augen und Ohren offen!

KINO

Die meisten Kinofilme laufen im Original mit norwegischen Untertiteln. Das Kinoprogramm finden Sie auf *www.oslokino.no*, die Tickets gibt es dort auch *(100 NOK | Tel. 82 05 00 01)*.

CINEMATEKET (118 B2) *(🕮 J5)*
Schmale, alte, alternative und norwegische Filme laufen in der Cinemateket, dem Filmclub des norwegischen Filminstituts. Integriert sind das Filmmuseum (Eintritt gratis, mit englischem Führer) und ein Geschäft für norwegische Filme. *Dronningens gate 16 | www.nfi.no/cinemateket | Straßenbahn 12, 13, 19 Kongens gate*

Im Dattera til Hagen geht der Schmaus nach dem Essen oben bei Konzerten weiter

LIVEMUSIK

INSIDER TIPP BETONG (110 C1) *(🕮 F1)*
Konzertbühne im Haus der Studentenvereinigung, im Stil der 1970er-Jahre mit großem Betonturm versehen. Drinnen ist die Bühne intim. *Betong* ist mittlerweile eine der wichtigsten Konzertbühnen Oslos. *Slemdalsveien 15 | www.betongoslo.no | T-Bahn 1–5 Majorstuen*

BLÅ ★ (112 C4) *(🕮 K3)*
An einem Abend Tanzmusik, am nächsten Avantgardistisches – einfach ausprobieren! Jazz und anderes wird in diesem, von der BBC zu einer der besten Musikbühnen Europas gewählten Club geboten. Lange Warteschlangen sind daher keine Seltenheit. *Brenneriveien 9c | www.blaaoslo.no | Bus 34, 54 Møllerveien*

JOHN DEE (112 C5) *(🕮 J4)*
John Dee ist „der kleine Bruder" in der Kelleretage der großen Konzertbühne Rockefeller. Von Pop bis Heavy Metal, viele norwegische Bands, seltener internationale Namen, dafür aber immer laut und übersichtlich (max. 400 Pers.). *Torggata 16 | www.rockefeller.no | Straßenbahn 11, 12, 13, 17 | Bus 30, 34, 54 Brugata*

PARKTEATRET (113 D3) *(🕮 K2)*
Jazz, Rock, Blues und ein Dokumentarkino: All das bietet das Parkteatret. Ursprünglich als Kino gebaut, trifft sich vor dem Gebäude heute die Szene von Grünerløkka. *Olaf Ryes plass 11 | www.parkteatret.no | Straßenbahn 11, 12, 13 Olaf Ryes plass*

ROCKEFELLER (112 B5) *(🕮 J4)*
Zwei große Bühnen und ein Pub sorgen für eine geballte Ladung Musik im Rockefeller. Die Musikbühne und der *John Dee Club* sind im ehemaligen Torggata-Schwimmbad zu Hause. *Torggata 16 | www.rockefeller.no | Bus 30, 34, 54 | Straßenbahn 11, 12, 13, 17 Brugata*

ÜBERNACHTEN

In einer der teuersten Städte der Welt kann das Übernachten selbstverständlich nicht billig sein. Und doch stimmt das für Oslo nicht so ganz, denn trotz des hohen Preisniveaus gibt es in der norwegischen Hauptstadt auch Gasthäuser und Angebote für schmale Portemonnaies.

Typisch für eine Großstadt sind auch in Oslo die vielen Hotels der Mittelklasse – zumeist Häuser internationaler Hotelketten mit vertrautem Ambiente, aber ohne eigenen Charme. Sie sprechen in erster Linie Geschäftsleute an, reißen sich im Sommer aber mit Sonderpreisen und speziellen Arrangements um die Touristen aus aller Welt. So kann, wer ganz früh bucht, selbst in den Osloer Luxusherbergen ein Zimmer für 170 Euro ergattern, das später 200 und mehr kostet. Und Luxus bezieht sich in Oslo nicht nur auf Einrichtung, Atmosphäre und Restaurantangebot: Ruhig soll es sein und mit perfektem Service, und es muss nahe der Stadtmitte liegen. Wer jedoch bereit ist, bei diesen Dingen kleine Abstriche zu machen, kann auch im teuren Oslo relativ günstig übernachten.

Von den einfacheren Unterkünften ist es meistens schon ein Stückchen bis zur zentralen Karl Johans gate in der Stadtmitte. Aber die norwegische Hauptstadt ist ja eine sehr übersichtliche Großstadt mit einem dichten Netz öffentlicher Verkehrsmittel. Kaufen Sie also eine Mehrfahrtenkarte und sparen dadurch beim Übernachtungsbudget. Außerdem: Auch die einfacheren Hotels bieten oft reichhalti-

Bild: Grand Hotel

Urbane Designherberge oder Holzschloss im Grünen? Oslos Hotellandschaft gibt sich so kontrastreich wie die Stadt selbst

ge Frühstücksbüfetts an, die Sie fast über einen ganzen Urlaubstag in der norwegischen Hauptstadt bringen. Weiteres Plus: Nahezu alle Osloer Hotels ganz egal welcher Kategorie haben WLAN-Zugang in den Zimmern.

Obwohl ständig neue Häuser gebaut werden, reichen zu Spitzenzeiten im Juli und August die Übernachtungskapazitäten der Hauptstadt nicht aus. Vorab buchen ist also dringend angeraten *(www.visitoslo.com/de, Link rechte Spalte: „Unterkunft suchen")*.

HOTELS €€€

FOLKETEATRET (118 C1) *(🕮 K4)*
Modernes und stilvolles Hotel nahe dem Hauptbahnhof mit berühmtem Frühstücksbüfett. Eingangsbereich und Zimmer sprechen die Sinne an, der Lärm der Großstadt bleibt definitiv draußen. Eine Besonderheit ist das Trainingsstudio im Stil eines New Yorker Boxstudios der 1930er-Jahre. *160 Zi. | Storgaten 21–23 | Tel. 22 00 57 00 | nordicchoicehotels.no | Straßenbahn 11, 12, 13, 17 Brugata*

INSIDER TIPP GRIMS GRENKA
(118 A2) (*H5*)
Von einem skandinavischen Designhotel erwartet man eigentlich helle, lichte Farbflächen, die klaren, strengen Linien im Grims Grenka sind jedoch meist dunkel gehalten. Im „Sommerzimmer" können die Gäste mithilfe des Lichts unterschiedliche, für sie passende Sommerstimmungen schaffen. Grübeln Sie nicht darüber nach: Selbst der Name dieses Hotels ist Design. Er hat keine Bedeutung. *65 Zi. | Kongens gate 5 | Tel. 23107200 | www.firsthotels.no | Bus 74 Rådhusgata*

Hotel The Thief gewährt einen Blick in die Zukunft

HOLMENKOLLEN PARK HOTEL ★
(120 B6) (*0*)
Nur einen Steinwurf von der Skiarena Holmenkollen entfernt liegt dieses einem Märchenschloss gleichende Hotel ganz aus Holz. Der älteste Teil des Hauses stammt aus dem 19. Jh., als die Herberge im nationalromantischen, von Stabkirchen inspirierten Drachenstil gebaut wurde. Ländliche Romantik in reiner Form, gepaart mit erstklassigem Service und sehr guter Restaurantküche. Und das Beste: der Panoramablick über Oslo und den Fjord. *336 Zi. | Kongeveien 26 | Tel. 22922000 | www.holmenkollenparkhotel.no | T-Bahn 1 Holmenkollen*

INSIDER TIPP THE THIEF
(116 C3) (*F5*)
Wenn schon, denn schon! Weg vom Lärm der Großstadt und doch zentral. Und mit dem absolut besten Blick über Fjord und Stadt. Das Hotel gleich neben dem Astrup-Fearnley-Museum auf Tjuvholmen ist ganz eindeutig schon für das nächste Jahrhundert gebaut. Harmonie, Eleganz und Ästhetik bis ins kleinste Detail, erstklassiger Komfort und eigener Balkon selbst in den Standardzimmern. Selbstverständlich serviert auch das Restaurant im Haus, *Fru K* (€€€), feinste nordische Speisen in ausgesprochen goldigem Ambiente. Eigener Abholservice mit Auto oder Boot (im Sommer). *118 Zi. | Landgangen 1 | Tel. 24004000 | www.thethief.com | Straßenbahn 12 Aker Brygge*

HOTELS €€

BASTION (118 B3) (*J5*)
Gerade mal zehn Fußminuten vom Bahnhof entfernt liegt dieses Haus, abseits des Osloer Nachtlebens und doch zentral. Die Zimmer sind wohnlich und prak-

tisch zugleich eingerichtet, sehr sauber und – ab der 3. Etage – auch sehr ruhig. Freundliches mehrsprachiges Personal, gemütliche Plauderecken zwischen Rezeption und Frühstückszimmer. *99 Zi. | Skippergaten 7 | Tel. 22 47 77 00 | www.nordicchoicehotels.no | Bus, Straßenbahn Jernbanetorget*

BONDEHEIMEN (112 A5) (*🕮 H4*)
Theater, Nacht- und Kulturleben liegen gleich um die Ecke. Früher stiegen im Bondeheimen die Menschen vom Land ab, wenn sie in der Hauptstadt etwas zu erledigen hatten. Trotz umfassender Renovierungen hat Bondeheimen vieles von seinem ländlich-norwegischen Stil beibehalten. Als Stadthotel ist es günstig, an Wochenenden müssen Sie mit Seminar- und Kongressgästen rechnen. *127 Zi. | Rosenkrantz' gate 8 | Tel. 23 21 41 00 | www.bondeheimen.com | Straßenbahn 11, 17, 18 Tinghuset*

GABELSHUS ★ (110 B6) (*🕮 E4*)
Wer ein ruhiges, bürgerliches Quartier vorzieht, wird sich im Gabelshus sehr wohl fühlen. Etwas abseits und still liegt das Haus im feinen Stadtteil Frogner westlich der Stadtmitte. Außen ist es klassisch englisch von Efeu umwachsen, innen strahlt es eleganten Charme aus. Gabelshus liegt nahe dem Anleger der Fähre nach Kiel. *114 Zi. | Gabels gate 16 | Tel. 23 27 65 00 | www.nordicchoicehotels.no | Straßenbahn 13 Skillebekk*

GYLDENLØVE (111 D2) (*🕮 G2*)
In einem modernen norwegischen Designstil wurde das Hotel Gyldenløve renoviert. Das Haus, ursprünglich im Stil des Funktionalismus erbaut, liegt an Oslos exklusivster und beliebtester Einkaufsstraße auf halbem Weg zwischen Schlosspark und Vigelandspark. *164 Zi. | Bogstadveien 20 | Tel. 23 33 23 00 | www.thonhotels.no/gyldenlove | Straßenbahn 19 Rosenborg*

HTL GRENSEN (118 A1) (*🕮 J4*)
Eigentlich ein typisches Businesshotel, aber im Sommer ist dieses Haus eine gute Alternative für Stadtbummler. Pluspunkte: modernes und funktionelles Design, perfekte Lage 500 m vom Bahnhof entfernt, freundlicher und schneller Service. Nur die Zimmer sind etwas klein geraten, dafür ist das Frühstück exzellent. *96 Zi. | Grensen 20 | Tel. 97 99 56 20 | www.htlhotels.com/hotels/grensen | Straßenbahn 11, 17, 18 Tinghuset*

INSIDER TIPP **OSLO GULDSMEDEN**
(111 D6) (*🕮 F4*)
Ein kleines, intimes, Green-Globe-zertifiziertes Boutiquehotel im ruhigen Stadtteil Frogner südwestlich der Stadtmitte (15 Min. Fußweg). Geschmackvoll eingerichtete Zimmer mit hochwertigen Mö-

MARCO POLO HIGHLIGHTS

★ Holmenkollen Park Hotel
Norwegische Holzarchitektur pur trifft auf Traumblick über den Fjord → S. 72

★ Gabelshus
Ein Außenseiter mit Stil unter Oslos Mittelklassehotels → S. 73

★ Quality Hotel 33
Bis unter die verglaste Topetage zeichnet sich das Haus durch viel Raum aus. Hier kehrt wirklich Ruhe ein! → S. 74

★ Grand Hotel
Noblesse und Kunst bis in jede Zimmerecke → S. 74

beln. Stilvolle Bioprodukte im Bad und in der Hotelküche, türkisches Dampfbad und Sauna. *49 Zi. | Parkveien 78 | Tel. 23 27 40 00 | www.guldsmedenhotels.com | Bus 30, 31 Solli*

QUALITY HOTEL 33 ★ (0) (*🗺 0*)
Etwas außerhalb des Osloer Zentrums steht dieses im Stil der 1960er-Jahre gehaltene Designhotel. Einfache, klare Linien prägen nicht nur die Architektur, sondern auch die Zimmer. In der obersten Etage gibt es ein Restaurant, eine Bar, eine Relaxabteilung und einen fantastischen Blick auf den Oslofjord. *242 Zi. | Østre Aker vei 33 | Tel. 23 19 33 33 | www.choicehotels.no | Bus 67 Risløkkalléen*

LUXUSHOTELS

Bristol (112 A5) (*🗺 H4*)
Das Haus wurde in den 20er-Jahren des letzten Jahrhunderts gebaut und 2000 um einen neuen Flügel erweitert. Der dunkle, traditionelle Stil dieses Hotels kommt am ehesten im *Bristol Grill* zur Geltung, wo große Kronleuchter an der Decke und Säbel an den Wänden die Räume schmücken. In der ● *Bibliotek Bar* treffen sich gerne Künstler und Autoren. Hier schrieb der deutsche Ingenieur Hans Ferdinand Mayer 1939 den berühmten Osloreport und lieferte den Alliierten damit wertvolle deutsche Militärgeheimnisse. Versuchen Sie, ein Zimmer in einer der oberen Etagen zu bekommen, denn besonders am Wochenende kann der Straßenlärm unangenehm sein. *251 Zi. | 150–400 Euro | Kristian IV's gate 7 | Tel. 22 82 60 00 | www.thonhotels.no/bristol | Straßenbahn 11, 17, 18 Tinghuset*

Continental (111 F5) (*🗺 H4*)
Norwegens bekanntestes Hotel liegt an der Stortingsgata gleich gegenüber dem Nationaltheater. Im Parterre des traditionsreichen Hauses residiert das mindestens ebenso berühmte *Theatercafé*. Seit vier Generationen ist das Continental in Familienbesitz, und die Frauen im Direktorensessel haben dem Haus ihren ganz persönlichen Stempel aufgedrückt. Keiner der mit vielen Antiquitäten möblierten Räume gleicht dem anderen, Individualität wird hier großgeschrieben. Das Hotel gehört als einziges in Norwegen zu den „Leading Hotels of the World". *155 Zi. | 180–400 Euro | Stortingsgata 24–26 | Tel. 22 82 40 00 | www.hotel-continental.com | Straßenbahn 13, 19 | T-Bahn 1–5 Nationaltheatret*

Grand Hotel ★ **(112 A6)** (*🗺 H4*)
Jedes Jahr im Dezember winkt der neue Friedensnobelpreisträger vom Balkon seiner Nobelsuite den Osloern zu, das Jahr über steigen internationale Stars aus der Film- und Musikbranche hier ab. Über 54 Suiten und 238 Zimmer verfügt das renommierte Hotel an der Karl Johans gate gegenüber dem Parlament. Eine Kuriosität sind die 13 Zimmer auf dem „Ladies Floor", einer Etage, die Damen vorbehalten ist und sie mit entsprechendem Stil und eigener Wellnessabteilung anzusprechen sucht. *70–300 Euro | Karl Johans gate 31 | Tel. 23 21 20 00 | www.grand.no | T-Bahn 1–5 Stortinget | Straßenbahn 11, 17, 18 Stortorvet*

SAGA HOTEL (111 D3) *(🕮 F2)*
In einer ruhigen Nebenstraße werden Sie sich in einer im ausgehenden 19. Jh. erbauten Villa nahe dem Schloss ganz sicher vom Großstadttrubel erholen können. Auch die letzte Modernisierung hat die wunderschönen Details des Baus aus den Gründerzeiten bewahrt, die Gemeinschaftsräume strahlen Gemütlichkeit aus. Einziges Minus vielleicht: In den Zimmern im Obergeschoss gibt es viele schräge Wände. *47 Zi. | Eilert Sundts gate 39 | Tel. 22554490 | www.sagahoteloslo.no | Straßenbahn 19 Rosenborg*

VILLA FROGNER BED & BREAKFAST (110 C3) *(🕮 E2)*
Eines der schönsten Mittelklassehäuser Oslos liegt ruhig in einer kleinen Straße direkt am grünen Frognerpark. Die Zimmer sind groß und stilvoll eingerichtet. Wer kein Morgenmuffel ist: Es ist einfach, beim gemütlichen Frühstück mit anderen Gästen in Kontakt zu kommen. *5 Zi. | Nordraaks gate 26 | Tel. 22561960 | www.bedandbreakfast.no | Straßenbahn 12 Vigelandsparken*

HOTELS €

ANKER HOTEL (111 D5) *(🕮 K3)*
Wer ein wenig weg von der Stadtmitte, dafür aber näher am beliebten Viertel Grünerløkka wohnen möchte, trifft mit dem Anker Hotel eine gute Wahl: Es bietet 161 freundlich-helle, dabei schlichte Zimmer in einem wuchtigen Gebäude und liegt direkt am Fluss Akerselva. *Storgata 55 | Tel. 22997500 | www.ankerhotel.no | Bus 30, 31 | Straßenbahn 11, 12, 13, 17 Hausmanns gate*

COCHS PENSJONAT (111 E4) *(🕮 G3)*
Moderne sowie einfache Zimmer zeichnen das Haus nahe dem Schloss aus.

Theatercafé: für das Betthupferl im Hotel Continental

Nicht alle 88 Räume haben Dusche und WC. Auch das Frühstück ist nicht inbegriffen, aber im benachbarten Café Espresso House können Sie zu Spezialpreisen den Tag bei einem Frühstück in Ruhe beginnen. *Parkveien 25 | Tel. 23332400 | www.cochspensjonat.no | Straßenbahn 11 Homansbyen*

EMMA GJESTEHUS (119 E3) *(🕮 O)*
Wer mit dem Auto nach Oslo kommt, ist hier im Grünen im Emma Gjestehus nahe dem Oslofjord gut untergebracht. Das einfache B & B ist urgemütlich, beherbergt Gäste aus aller Welt und bietet ihnen u. a. eine Gemeinschaftsküche. *16 Zi. | Høyrabben 4 | 1336 Sandvika | Tel. 67130659 | www.emmagjestehus.no | an der E 16 rund 25 Min. westlich der Stadtmitte*

Großer Name, guter Preis: Im Hotel Munch wohnen Sie solide und ohne Schnickschnack

MUNCH (112 A5) *(🕮 H3)*
Qualität zum erschwinglichen Preis. Es gibt 180 unterschiedlich große Zimmer, sie sind einfach, aber stilvoll möbliert. Das Frühstücksbüfett ist reichhaltig. Zentral gleich hinter dem Regierungsviertel gelegen. *Munchs gate 5 | Tel. 23 21 96 00 | www.thonhotels.no/munch | Straßenbahn 11, 17, 18 Tinghuset*

INSIDER TIPP **OVERNATTINGOSLO.NO**
(112 C3) *(🕮 K2)*
Dieses Haus ist genau das Richtige für Oslo-Besucher, die länger als drei Tage bleiben und nicht zu viel Geld ausgeben wollen: einfache und saubere Zimmer in einem ehemaligen Pensionat mit Miniküche und Minibad, dafür aber ruhig gelegen mitten im Szenestadtteil Grünerløkka. Zur Stadtmitte sind es zu Fuß zehn Minuten. *53 Zi. | nur online buchbar | Steenstrups gate 1 | www.overnattingoslo.no | Straßenbahn 11, 12, 13 Olav Ryes plass*

PERMINALEN (117 F2) *(🕮 H4)*
Perminalen ist ein Klassiker unter den Osloer Billighotels. In dem zugegebenermaßen unansehnlichen Gebäude wohnten ab Ende der 1960er-Jahre Soldaten im Dienst- oder Wochenendurlaub. Heute treffen sich in diesem Haus vor allem Backpacker aus der ganzen Welt. Übernachtet wird in 1- bis 6-Bett-Zimmern bei gehobenem Jugendherbergsstandard. Nicht zu toppen ist die perfekte Lage des Hauses zwischen Stortinget und Festung Akershus. *55 Zi. | Øvre Slottsgate 2 | Tel. 24 00 55 00 | www.perminalen.com | Bus 30, 31, 54 Kongens gate*

SMARTHOTEL.NO (111 F4) *(🕮 H3)*
Moderne sowie einfache, dabei schallisolierte Räume und gratis WLAN bietet das Smarthotel seinen Gästen. Der wichtigste Vorzug des Hotels ist allerdings seine Lage: mitten im Zentrum, nahe der Nationalgalerie, dem Schloss sowie dem Schlosspark. *257 Zi. | St. Olavs gate 26 |*

www.smarthotel.no | Straßenbahn 11, 17, 18 Tullinløkka

PRIVATE UNTERKÜNFTE & APARTMENTS

FROGNER HOUSE APARTMENTS

Drei verschiedene Häuser, insgesamt rund 100 verschiedene Wohnungen, die alle eins gemeinsam haben: Stil! Das bietet Frogner House Apartments. Sie können sich wie zu Hause fühlen und dank der zentralen Lage der Unterkünfte ihre Urlaubstage sehr flexibel gestalten. *Apartment und Office* (110 C5) (*🗺 F3*) *(Skovveien 8 | Tel. 93 01 00 09 | www.frognerhouse.no); Colbbjørnsensgate 4* (111 D5) (*🗺 F3*)*; Underhaugsveien 15* (111 E2) (*🗺 G2*)*; Parkveien 62c* (111 D5) (*🗺 G4*)*; Uranienborgveien 12* (111 D3) (*🗺 G3*) *| €€*

JUGENDHERBERGEN & HOSTELS

SENTRUM HOSTEL (118 B2) (🗺 J5)

Einfache, saubere Zimmer, viel Platz, freundliches Personal finden Sie im Sentrum Hostel. Das Beste an der sehr günstigen Herberge ist wiederum die Lage: Es sind nur ein paar Fußminuten zum Hauptbahnhof Oslo, Hafen und Oper sind sehr nahe. Zentraler können Sie in Oslo nicht unterkommen. *48 Zi. | Tollbutgate 8 | Tel. 22 33 55 80 | www.sentrumpensjonat.no | Straßenbahn 12, 13, 19 Kongens gate*

VANDRERHJEM HARALDSHEIM (109 F5) (🗺 O)

Die Zimmer erinnern an Schiffskabinen auf der Fähre nach Oslo, doch die Jugendherberge liegt hoch über der Stadt in Grefsen in Stadtrandnähe. *88 Zi., 315 Betten ab 35 Euro pro Nacht/Bett | Haraldsheimveien 4 | Tel. 22 22 29 65 | www.haraldsheim.no | Bus 31, 32 | Straßenbahn 17 Sinsenkrysset | T-Bahn 4, 5 Sinsen*

INSIDER TIPP VANDRERHJEM HOLTEKILEN (O) (🗺 O)

Die tolle Lage am Oslofjord ist die 15-minütige Zugfahrt nach Westen allemal wert. Im Preis (ab 30 Euro pro Person) sind das Frühstück und viel Grün in der Umgebung inbegriffen. *200 Betten | Michelets vei 55 | Tel. 67 51 80 40 | hihostels.no/vandrerhjem/oslo-vandrerhjem-holtekilen | Bus 151, 153, 161, 162, 252, 261 ab Stadtmitte: Kveldsroveien, Zug Richtung Drammen ab Oslo S: Stabekk*

LOW BUDG€T

Kleine, einfache Hütten werden auf dem *Bogstad Camp* **(121 E2)** (***🗺 O***) *(ab 55 Euro | Ankerveien 117 | Tel. 22 51 08 00 | www.bogstadcamping.no | Bus 32 Bogstad Camping)* westlich von Holmenkollen vermietet. Der Bus hält praktischerweise direkt am Campingplatz.

Dank des norwegischen *Allemannsretten,* des Jedermannsrechts, dürfen Sie nach bestimmten Regeln auf staatlichem Grund übernachten. Kaufen Sie sich also eine Tagesfahrkarte und fahren Sie beispielsweise zur Insel *Hovedøya* **(121 F3)** (***🗺 G–H 7–8***). Dort können Sie sich ein ☀ Plätzchen an einer Bucht mit Blick auf die Stadt suchen und im Zelt oder auch nur im Schlafsack übernachten. Das sommernächtliche Oslo und die Stadt in der frühen Morgensonne sind ein unvergessliches Postkartenmotiv!

ERLEBNISTOUREN

1 OSLO PERFEKT IM ÜBERBLICK

START: ① Parlament
ZIEL: ⑫ Oper

Strecke:
➡ 30 km

1 Tag
reine Gehzeit
4 Stunden

KOSTEN: Oslo-Pass 335 NOK/Pers. (alle Eintritte und Verkehrsmittel), Ziplining 600 NOK/Pers., Essen & Trinken 370 NOK/Pers., Opernticket 100–750 NOK/Pers.

MITNEHMEN: Regenjacke, Badesachen

ACHTUNG: Opernkarten vorbestellen: www.operaen.no oder an der Abendkasse kaufen. **Grønland Basar** So geschl.

Die Tagestour bringt Sie zu Natur und Kultur, in Bürgerviertel und hippe Stadtteile. Sie bietet Begegnungen mit dem norwegischen Nationalsport und modernster Architektur. Und Sie erkennen: Oslo, Hafen und Fjord gehören zusammen.

Städte haben viele Facetten. Wenn Sie Lust haben, diese verschiedenen Gesichter mit all ihren einzigartigen Besonderheiten zu entdecken, wenn Sie jenseits bekannter Pfade geführt oder zu grünen Oasen, ausgewählten Restaurants oder typischen Aktivitäten geleitet werden wollen, dann sind diese maßgeschneiderten Erlebnistouren genau das Richtige für Sie. Machen Sie sich auf den Weg und folgen Sie den Spuren der MARCO POLO Autoren – ganz bequem und mit der digitalen Routenführung, die Sie sich über den QR-Code auf S. 2/3 oder die URL in der Fußzeile zu jeder Tour downloaden können.

09:00 Das ① **Parlament → S. 34** ist seit Mitte des 19. Jhs. Mittelpunkt der norwegischen Hauptstadt, genau wie die Prachtstraße, die einfach nur „Karl Johan" genannt wird. Bevor die Stadt so richtig erwacht, beginnt hier der Bummel **über die Karl Johans gate** zum ② **Königlichen Schloss → S. 31**. Führungen gibt es zwar erst mittags, aber der Blick vom Schlossplatz ist die perfekte Einstimmung auf einen erlebnisreichen Tag in Oslo. **Über Parkveien und Colbjørnsens gate** geht's zum zweite Frühstück in die Bäckerei ③ **Åpent Bakeri → S. 52** mit Gebäck und frischen

① Parlament

② Königliches Schloss

③ Åpent Bakeri

Bild: Vigelandspark, Skulpturen

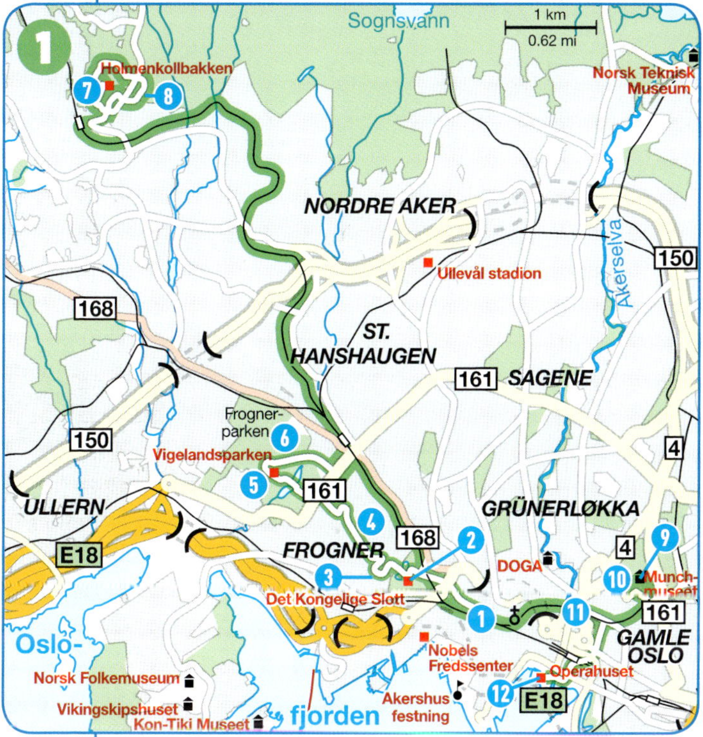

Brötchen aus ökologischen Zutaten. Kaufen Sie hier auch Ihren Proviant für den Lunch. **Durch das Diplomatenviertel geht es durch den Stadtteil** ❹ **Frogner → S. 38**, der sich Ihnen am schönsten präsentiert, wenn Sie **über Riddervolds plass und Briskebyveien auf den Vigelandspark zugehen.** Hier gibt es weniger Verkehr und viele Blickfänge – imposante Bürgerhäuser, schmuckvolle Villen, verzierte Erker.

❹ Frogner

10:00 Im ❺ **Vigelandsparken → S. 41** schauen Sie sich die Sammlung mit monumentalen Skulpturen von Gustav Vigeland an. Die mit Figuren gesäumte Allee zum **Monolithen** im Zentrum der Sammlung lädt zum näheren Studium ein. Der sich im Osten anschließende ❻ **Frognerpark → S. 39** ist die größte Spielwiese der Stadt, mit Frisbee und Gitarrenspiel – der perfekte Ort, um in Rückenlage den Himmel über Oslo zu genießen. Und dann ab ins Frei-

❺ Vigelandsparken

❻ Frognerpark

bad! **Frognerbadet → S. 39** ist eine prachtvolle, von Laubbäumen eingerahmte Anlage, in der es nur an den heißesten Tagen sehr voll ist.

12:00 **Über Middelthuns gate und Kirkeveien gelangen Sie zum Bahnhof Majorstuen. Die Linie 1 Richtung Frognerseter schleppt sich hinauf bis zum ⑦ Holmenkollen → S. 48. Von der gleichnamigen Haltestelle ist der Weg zur Schanzenanlage ausgeschildert.** Sie besuchen das **Skimuseum → S. 49** mit spektakulärer Aussicht vom Sprungturm und nehmen für den Rückweg nicht den Fahrstuhl, sondern die „schwebende" Variante: Beim **Ziplining → S. 49** geht's sicher, schnell und mit Bauchkribbeln hinunter ins Zielgebiet der Schanze. Ihren Lunch genießen Sie auf sicherem Boden auf dem Hügel **⑧ Gratishaugen auf der anderen Straßenseite** mit schöner Aussicht auf die Sprungschanze, wo immer einige Spitzensportler ihr Sommertraining absolvieren. **Zurück an der Haltestelle Holmenkollen bringt Sie die Linie 1 bis zur Station Tøyen.**

15:00 Nördlich des Bahnhofs liegt das **⑨ Munch-Museum → S. 45**, die weltweit größte Sammlung von Gemälden und Graphiken von Norwegens größtem Maler. **Links vom Eingang des Museums, auf der anderen Seite der Tøyengata,** gehen Sie in den **⑩ Botanischen Garten → S. 46** der Osloer Universität – eine Augenweide und ein stilles Paradies für Sonnenanbeter. Besonders der Spaziergang durch Fjellhagen, den Gebirgsgarten, ist eine farbenprächtige Begegnung mit der norwegischen Flora.

17:00 **Mit der Linie 1 gelangen Sie zum Bahnhof Grønland.** Jetzt sind Sie im beliebten, aber wenig herausgeputzten Multikulti-Stadtteil **⑪ Grønland → S. 44. Sie biegen rechts in den Grønlandsleiret ein**, um im **Olympen Mat & Vinhus → S. 57** norwegisch zu speisen. Dunkles Eichenholz, Kellner in schwarzer Weste und die größte Bierauswahl der Stadt bilden den Rahmen für ein zünftiges Drei-Gänge-Menü. **Gehen Sie danach den Grønlandsleiret ein kleines Stück zurück und biegen rechts in die Tøyengata ein, um zum Grønland Basar → S. 44** zu gelangen. Die Exotik des Stadtteils kommt hier am stärksten zum Ausdruck. Der anschließende Spaziergang **über Grønlandsleiret und durch die Mandalls gate auf die abends blau angeleuchtete Fußgängerbrücke zu, vorbei am Hauptbahnhof und durch das Finanzviertel Barcode** endet am Fjord an der **⑫ Oper → S. 46**.

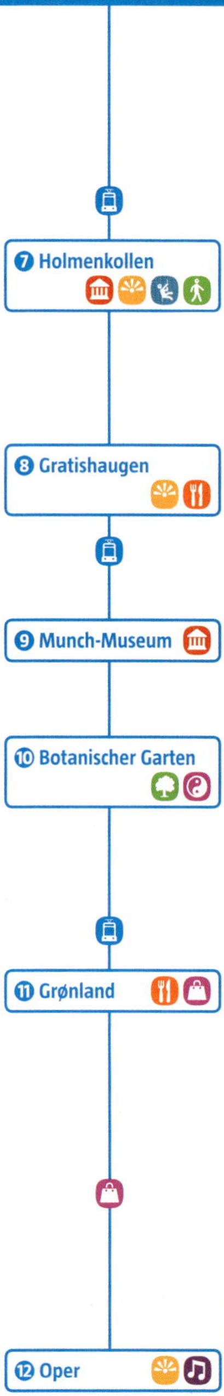

19:00 Gerade am Abend ist der Blick vom Operndach auf den Osthafen und auf die Hochhäuser der norwegischen Finanzwelt ein Lichtspektakel. Genießen Sie ihn, bevor Sie den Tag in der Oper ausklingen lassen.

2 VON DER INDUSTRIE ZUR IDYLLE: AN OSLOS LEBENSADER ENTLANG

START: ① U-Bahnstation Grønland **ZIEL:** ⑭ Teknisk Museum	**½ Tag** reine Gehzeit 2½ Stunden
Strecke: 9 km	

KOSTEN: Eintritte 200 NOK/Pers., Essen & Trinken 150 NOK/Pers.
MITNEHMEN: Festes Schuhwerk, Regenjacke, Badesachen

ACHTUNG: ⑤ **Søndagsmarkedet på Blå:** nur So geöffnet. Die Tour am besten im Sommer machen. Bus 54 fährt von der Station Kjelsås am ⑭ **Teknisk Museum** ins Stadtzentrum zurück.

Am Flüsschen Akerselva lassen Sie das Zentrum Oslos hinter sich, erkunden Natur und Industriegeschichte: Die einstige wirtschaftliche Pulsader der Stadt ist heute Paradies für Natur- und Kulturfreunde. Säumten früher u. a. Sägewerke, Papiermühlen und Textilbetriebe die Ufer, sind heute Hightech und Kultur hier zu Hause.

① U-Bahnstation Grønland

② Ankerbrücke

③ Norwegisches Design- und Architekturzentrum

④ Grünerløkka Minigolf Park

11:00 Der Spaziergang beginnt an der ① **U-Bahnstation Grønland**. **Sie halten sich links, gehen unter der Betonbrücke hindurch zum Weg, der am rechten Ufer flussaufwärts führt.** Sie begegnen dem für die Stadtteile am Akerselva typischen Gegensatz: Industriegebäude und Gewerbe auf der einen Flussseite, Parklandschaft und Natur auf der anderen. **Unter der Hausmannsbrücke hindurch geht es bis zur** ② **Ankerbrücke**. Sie ist mit INSIDER TIPP vier Bronzeskulpturen des Künstlers Dyre Vaa mit Motiven aus norwegischen Volksmärchen ausgeschmückt. **Am anderen Ufer liegt das** ③ **Norwegische Design- und Architekturzentrum** → S. 59. In einer ehemaligen Transformatorenstation untergebracht, zeigt es die Verwandlung der Industrielandschaften am Fluss. Lust auf sportliche Abwechslung? **Über die Brücke zurück gelangen Sie in der Søndre gate 1 zum** ④ **Grünerløkka Minigolf Park** *(tgl. 12–20 Uhr)*. Dann wird es am **Brennerivelen** städtisch eng. **Am linken Flussufer, über die Ingens gate erreichbar,** gibt es hier sonntags den Kunsthand-

werksmarkt **5** **Søndagsmarkedet på Blå** *(Brenneriveien 9)*, u. a. mit schöner norwegischer Gebrauchskunst. **Der rechtsseitige Uferweg führt zu 6 Nedre Foss**, dem unteren Wasserfall. Bis hierher war der Fluss früher schiffbar. Das **Silo** (heute wohnen hier Studenten) ist Zeugnis eines einstigen Mühlenbetriebs.

5 Søndagsmarkedet på Blå

6 Nedre Foss

14:00 **Sie erreichen Kuba**, wo früher ein Gaswerk mit einem Heizwerk in kubischer Form stand. **Sie wechseln über die Holzbrücke die Flussseite. Durch den Park von Kuba geht 's zur 7 Åmot-Hängebrücke**. Sie stand ursprünglich in Modum westlich von Oslo. **Am rechten Flussufer kommen Sie nach einem steilen Anstieg zum 8 Øvre Foss**. Der obere Wasserfall ist wohl der schönste am Akerselva. Hier liegt auch das charmante **9** INSIDER TIPP **Hønse-Lovisas Hus** *(Di–So 11–16 Uhr | Sandakerveien 2 | Tel. 93 00 88 55 | €)*. In dem Café gibt es die besten frischen Waffeln der Stadt mit Rahm und Marmelade. **Der Weg führt Sie unter der 161 hindurch und auf den Myra nach**

7 Åmot-Hängebrücke

8 Øvre Foss

9 Hønse-Lovisas Hus

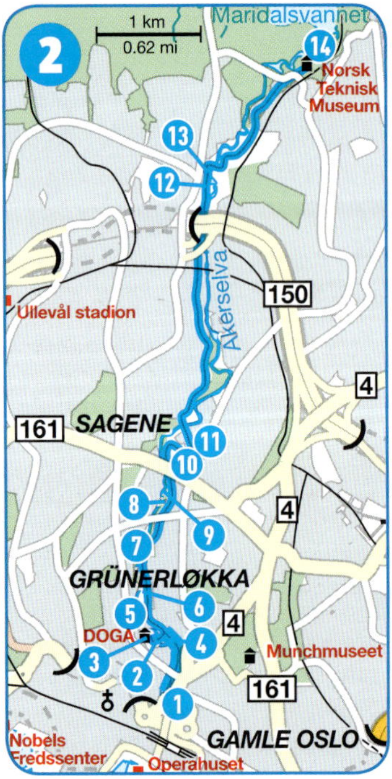

Åmot-Brücke: „umgepflanzt" nach Grünerløkka

⑩ Myhren

⑪ Caminito

⑫ Stauwehr Nydalsdamm

⑬ Badeplatz Nydalsdamm

⑭ Teknisk Museum

Norden. An der Kreuzung biegen Sie bei der Eventyrfabrikken rechts ab und gehen durch den Gebäudekomplex der ehemaligen Werkstatt ⑩ Myhren, die Maschinen für die Betriebe am Akerselva herstellte. Die Gebäude bieten einen eindrucksvollen Einblick in Oslos ehemalige Industrie-Architektur. **Wenn Sie den Komplex durchquert haben, erreichen Sie den Sandakerveien, dem Sie links bis zum Oscar-Braatens-Platz** folgen. Im Eckcafé **⑪ Caminito** *(Mo–Fr 8.30–22, Sa/So 11–22 Uhr | Torshovgata 1 | Tel. 40 07 59 85 | €)* genießen Sie ein Glas Rotwein. Salami oder Käse aus Südamerika kann man mitnehmen. **Am Fluss folgen Sie hinter Nydalen** dem beschilderten Weg bis zum **⑫ Stauwehr Nydalsdamm**, wo sich der Akerselva rauschend hinunterstürzt. Am Fuß bildet er einen Teich mit dem idyllischem ⑬ INSIDER TIPP **Badeplatz Nydalsdamm**. Springen Sie hinein. Mit ein wenig Glück entdecken Sie in dem ruhig fließenden Bach sogar Biber oder zumindest deren Bauwerke.

17:00 Am Ende der Tour gelangen Sie zum **⑭ Teknisk Museum** **→ S. 91**, das die Eindrücke des Spaziergangs noch einmal gebündelt veranschaulicht und Ihnen einen interessanten Einblick in die von der Erdölindustrie geprägte Gegenwart des Landes gibt.

3 UNTERWEGS AUF DER MUSEUMSINSEL BYGDØY

START: ① Sjølyst Marina **ZIEL:** ⑧ Bygdøy-Fähre	**1 Tag** reine Gehzeit 1½ Stunden
Strecke: 10 km	

KOSTEN: Paddeltour 750 NOK/Pers., 1. Fährfahrt 35 NOK/Pers. hin u. zurück, 2. Fährfahrt 35 NOK/Pers., 24-Std.-Busticket 90 NOK/Pers., Eintritte 375/Pers., Essen & Trinken 350 NOK/Pers.

MITNEHMEN: Badesachen, Lunchpaket, Sonnenschutz, Sonnencreme, Proviant für die Kajaktour

ACHTUNG: Tour im Sommer machen. Mit dem Oslo-Pass haben Sie freien Eintritt zu allen Museen und bezahlen weder Fähre noch Bus. Auf Bygdøy sind die Sehenswürdigkeiten ausgeschildert. Paddeltour mit **Oslo Kayak Tours** anmelden.

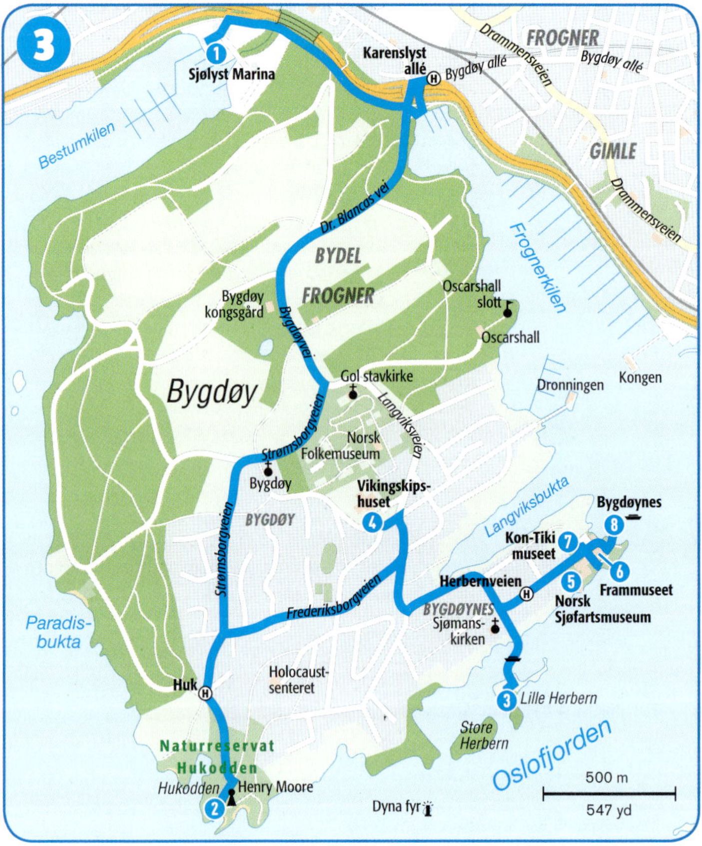

Auf der Halbinsel Bygdøy im Südwesten der Stadt stehen Spaß an und auf dem Fjord im Mittelpunkt, zwischendurch tauchen Sie in die norwegische Geschichte ein und begegnen dabei den wahren Helden des Landes.

10:00 Sie starten an der **1 Sjølyst Marina**. Bei einer Paddeltour mit **Oslo Kayak Tours** *(Treffpunkt: Drammensveien 164 | Tel. 95 36 82 49 | www.oslokayaktours.no)* geht's vom Bootshafen durch den Schärengarten von Bygdøy und bis an die Highlights der norwegischen Hauptstadt heran. Nach so viel körperlicher Anstrengung ist es Zeit für Entspannung am Strand. **Spazieren Sie von der Marina aus bis zur Haltestelle Karenslyst allé nahe der E 18 und fahren Sie mit Bus Nr. 30 bis zur Haltestelle Huk**

1 Sjølyst Marina

❷ Hukodden

❸ Lille Herbern

❹ Vikingskipshuset

❺ Maritimes Museum

❻ Fram

❼ Kon-Tiki-Museum

an der Südwestspitze von Bygdøy. ❷ **Hukodden** ist der schönste Sandstrand der Insel.

15:00 Wenn der Magen knurrt, **steigen Sie wieder in den Bus und fahren bis zur Haltestelle Herbernveien weiter. Am Fähranleger startet** „Norwegens kürzeste Fährfahrt" *(nur im Sommer Mo–Fr 8.30–15 alle 30 Min., 15–21 alle 15 Min., 21–23.30 alle 30 Min., Sa/So 8.30–21 alle 15 Min., 21–23.30 Uhr alle 30 Min.)* zum Eiland **Lille Herbern**. Das Restaurant ❸ **Lille Herbern** *(Mitte Mai–Mitte Sept. tgl. | Herbernveien 1 | Tel. 22 44 97 00 | www.lilleherbern.no | €€€)* hält ein Menü mit Meeresdelikatessen bereit. Der Blick über die Fahrwasser vor Oslo ist prachtvoll. **Zurück auf Bygdøy kommen Sie über den Bygdøynesveien und den Langviksveien zum** Oseberg-, Gokstad- und Tuneschiff. Die Fahrzeuge aus der Wikingerzeit stehen im ❹ ★ **Vikingskipshuset** *(Mai–Sept. tgl. 9–18, Okt.–April tgl. 10–16 Uhr)* und geben anschaulich Aufschluss über Totenkult, Gebrauchsgegenstände und Waffen der angeblich so kriegerischen Vorfahren der Norweger. **Sie gehen ein Stück zurück Richtung Bygdøy-Fähre** und sind mittendrin in Norwegens stolzer Polargeschichte. Zum norwegischen ❺ **Maritimen Museum** *(Mitte Mai–Ende Aug. tgl. 10–17, sonst Di–So 10–16 Uhr)* gehört der **Einmaster Gjøa**, ein gut 21 m langer, bauchiger Schoner, mit dem Roald Amundsen Anfang des 20. Jhs. die Nordwestpassage durchquerte. Rechts vom Museum ist die ❻ **Fram** *(Juni–Aug. tgl. 9–18, Sept.–Mai tgl. 10–17, Okt.–April 10–16 Uhr)* zu Hause, die Norwegens großartige Polargeschichte auf einem einzigen Schiff zusammenfasst. Das ❼ **Kon-Tiki-Museum** *(Juni–Aug. tgl. 9.30–18, März–Mai, Sept./Okt. 10–17, sonst 10–16 Uhr)* ist Thor Heyerdahl, einem der bekanntesten und umstrittensten Wissenschaftler Norwegens gewidmet. Mit dem Balsafloß Kon-Tiki segelte er 4300 Seemeilen von Südamerika über den Pazifik nach Polynesien. Auch das Papyrusschiff Ra II und ein Modell des Schilffloßes Tigris sind hier ausgestellt.

Im Vikingskipshuset warten nicht nur die alten Wikingerschiffe

18:00 Der Törn mit der 8 INSIDER TIPP **Bygdøy-Fähre** *(März–Okt. letzte Fähre ab Bygdøynes um 18.40 Uhr)* ist die perfekte Abrundung eines Tages voller maritimer Erlebnisse.

8 Bygdøy-Fähre

4 HAFENSPAZIERGANG AM NACHMITTAG

START: 1 Tjuvholmen Skulpturpark
ZIEL: 12 Festningen

Strecke: 2 km

½ Tag
reine Gehzeit
½ Stunde

KOSTEN: Eintritte 240 NOK/Pers., Essen & Trinken 580 NOK/Pers.

ACHTUNG: Der Spaziergang empfiehlt sich am Samstagnachmittag. Die Geschäfte auf 5 Aker Brygge sind bis 20 Uhr geöffnet.

Die Landzunge Tjuvholmen war früher Ort für Hinrichtungen, später ein wichtiger Bestandteil des Osloer Güterhafens. Heute ist das 5 Hektar große Gelände der architektonische Fingerzeig ins 21. Jh. Der Spaziergang vorbei an prachtvollem Museumsbau, edlen Apartment- und Bürohäusern bis zur Festung Akershus, dem „alten" Wahrzeichen des Hafens, bringt Sie in den Abend und in die Vergangenheit hinein.

14:00 Beginnen Sie im 1 **Tjuvholmen Skulpturpark zwischen Astrup Fearnley Museet → S. 29 und Fjord.** Zwischen den Werken großer internationaler Künstler suchen Sie sich einen Platz am Ufer und lassen den Blick über die Skyline von Oslo gleiten: Motorboote, Segelschiffe, das Rathaus, die Gemäuer der Festung Akershus überragen die Szene. Vom gläsernen Fahrstuhl 2 **Glaslift Tjuvtitten** → S. 30 aus haben Sie einen hervorragenden Blick über die Stadt. **Wieder unten, halten Sie sich rechts und gehen am Gebäude vorbei an der Tjuvholmen allé entlang.** Die Bäckerei 3 **Berghaven Bakeri** *(Tjuvholmen allé 15–17)* wartet mit typischen südnorwegischen Spezialitäten auf. Nach der Pause **bummeln Sie auf der Tjuvholmen allé stadteinwärts und über den ersten Kanal hinweg. Rechter Hand liegt dahinter die Galerie** 4 INSIDER TIPP **Pushwagner** *(tgl. 12–18 Uhr | Tjuvholmen allé 10)*. Der 1940 in Oslo geborene Pop-Art-Künstler ist Norwegens wichtigster Maler der Gegenwart. Wer sich eines seiner Werke sichern möchte, kann dies im Galerieshop tun.

1 Tjuvholmen Skulpturpark

2 Glaslift Tjuvtitten

3 Berghaven Bakeri

4 Pushwagner

5 Aker Brygge

6 Mardou & Dean

7 Alfred

8 Rathaus

9 Kontraskjæret

10 Pferdestall

11 Festung Akershus

16:00 **Am Olav Selvaags plass biegen Sie rechts auf Stranden ein, über einen weiteren Kanal hinweg sind Sie auf 5 Aker Brygge** → S. 28. Bummeln Sie am Wasser entlang, an dümpelnden Kähnen vorbei und genießen Sie das Ineinander von Möwengeschrei und Straßenmusik. **Sie biegen links in die Bryggegata ein, dann rechts in die Holmensgata**, wo die Edelboutique **6 Mardou & Dean** *(Mo–Fr 10–20, Sa 10–18 Uhr | Holmensgate 4 | www.mardouanddean.com)* auf Sie mit schicken Klamotten wartet. **Sie gehen zurück zum Fjordufer und weiter Richtung Rathaus. Wo die Kaistraße endet, liegt zur linken Hand das Nobels Fredssenter** → S. 33. Das Café dort heißt natürlich **7 Alfred** *(Di–So 10–18 Uhr | €€)* und hat ausschließlich ökologische Gerichte auf der Speisekarte. Sie schlendern weiter zum **8 Rathaus** → S. 37. Skater und Straßenmusiker sind immer da, ebenso die beiden zum Fjord gewandten Fontänen mit den Skulpturen sitzender Frauen und Kinder. Spätestens mit den Gedenkfeiern anlässlich der Attentate vom 22. Juli 2011 hat der Rathausplatz bei den Einwohnern auch eine symbolische Bedeutung als Stätte der Begegnung erlangt.

18:00 **Ostwärts gehen Sie geradewegs auf die Festung Akershus zu.** Spazieren Sie durch die Grünanlagen des **9 Kontraskjæret**, **halten Sie sich leicht rechts, bis Sie zur Myntgata kommen. Steuern Sie dort die rotbraunen Backsteinhäuser an. Links gibt es eine Informationstafel und gleich dahinter den 10 Pferdestall** der berittenen Osloer Polizei. Die dort untergebrachten Warmblüter laufen oft draußen in der Anlage herum. **Rechts des Stalls gehen Sie ins Festungsgelände der 11 Festung Akershus** → S. 35 hinein **und halten Kurs auf die Wallanla-**

gen. Jetzt sind Sie oberhalb der Hafenbucht, blicken auf vertäute Schiffe sowie auf Aker Brygge und Tjuvholmen am anderen Ufer. Im Freilichtrestaurant ⑫ **Festningen** *(So geschl. | Tel. 22 83 31 00 | www.festningenrestaurant.no | €€€)* genießen Sie nicht nur das Essen oder einen Drink, sondern auch die im wahrsten Sinne herausragende Lage, das nordische Licht und die Vielfalt der Stadt.

⑫ Festningen

Abendliches Hafenflair genießen Sie am besten auf Aker Brygge

MIT KINDERN UNTERWEGS

Wie alle Skandinavier sind die Norweger sehr kinderfreundlich. Die Jüngsten werden überall ernst genommen und aktiv einbezogen. Frauen und Männer kümmern sich weitgehend gleichberechtigt um den Nachwuchs. Selbstverständlich sind Kinderstühle in Restaurants, die meisten bieten auch Kinderspeisekarten. Die Parks der Stadt (die allermeisten mit Spielplätzen) sind beliebte Treffpunkte für Kinder; im Stadtgebiet ist fast immer einer in Reichweite.

INSIDER TIPP BADEN AUF OSLOS INSELN (121 F3) (*🕮 F–H 7–8*)
Die großen Inseln im Oslofjord – Hovedøya, Langøyene und Gressholmen – laden im Sommer zum Baden ein. Besonders für Familien geeignet sind Langøyene und Gressholmen, die eigentlich aus drei Inseln besteht. Der Badeplatz im Naturschutzgebiet liegt auf Rambergøya und ist in rund 10 Minuten von der Hauptinsel Gressholmen aus zu erreichen. Die Fähre Nr. 93 braucht vom Anleger Vippetangen südlich der Akershus-Festung rund 15 Minuten zur Insel. Genaue Abfahrtszeiten auf *ruter.no/en*. Zum langen Sandstrand von Langøyene *(von Vippetangen mit Fährlinie 94)* gehören eine große Liegewiese, Kiosk und WC. *Erw. 30, Kinder 15 NOK, Ticket vor Abfahrt am Kiosk kaufen, auf dem Schiff ist es teurer*

BOGSTAD GÅRD (121 E2) (*🕮 0*)
Ein Bauernhof in kommunaler Regie mit Schafen, Kühen, Pferden, Hühnern und Kaninchen, ökologischem Gemüseanbau und viel Platz für Kinder. Erwachsene schauen sich den prachtvollen Herrenhof näher an – die regelmäßigen *Führungen (Di–So 13, 14 Uhr | 60 NOK)* dort gibt es leider nur auf Norwegisch. In jedem Fall sollten Sie für den Ausflug aufs Land einen ganzen Nachmittag einplanen. *Di–So 12–16 Uhr | Eintritt frei | Sørkedalsveien 826 | www.bogstad.no | Straßenbahn 2 bis Røa, dann Bus 41 bis Sørkedalen*

INSIDER TIPP INTERNASJONAL BARNEKUNSTMUSEUM (0) (*🕮 0*)
Ein ungewöhnliches Museum mit ungewöhnlicher Zielsetzung: Kinderkunst aus aller Welt zu sammeln, zu erhalten und zu vermitteln – und neue Kunst zu schaffen. Das passiert v. a. in der Werkstatt, in der Kinder verschiedene Techniken ausprobieren können. Dazu gibt es Tanz, Gesang und Spiel. Der Garten des Museums ist ein kleines Fantasien, in dem sich viele junge Künstler austoben durften. *Di–*

Kühe, Kaimane, Kinderkunst: Wo kindliche Werke ein eigenes Museum bekommen, ist auch Ihr Nachwuchs bestens aufgehoben

Do 9.30–14, Sa/So 11–16 Uhr | Erw. 75, Kinder 40 NOK | Lille Frøens vei 4 | www.barnekunst.no | T-Bahn 1 Frøen

REPTILPARK (112 B4) *(🕮 J3)*
Der Papagei heißt Junior, der Kaiman Brutus und der Leguan Charlie. Sie und ihre mehr oder weniger harmlosen Freunde sind im Osloer Reptilienpark zu Hause. *Berühren verboten* heißt es auch für Spinnen, Insekten, Frösche oder Schlangen, die übrigens immer dienstags um 17 Uhr gefüttert werden. *April–Aug. tgl. 10–18, sonst Di–So 10–18 Uhr | Erw. 110, Kinder 80 NOK | Sankt Olavs gate 2 | www.reptilpark.no | Bus 37 Nordahl Bruns gate*

TEKNISK MUSEUM (109 E1) *(🕮 O)*
Im Nationalmuseum für Technik, Wissenschaft und Medizin ist immer etwas los – vor allem für die jüngeren Gäste. Interaktive Installationen, Roboterzentrum und Planetarium gehören zu den Highlights, doch gerade die Sammlung mit Exponaten ab 1850 bis heute macht den Besuch zum Erlebnis. *20. Juni –20. Aug. tgl. 11–18, sonst Di–Fr 9–16, Sa/So 11–18 Uhr | Erw. 150, Kinder 100 NOK | Kjelsåsveien 143 | www.tekniskmuseum.no | Straßenbahn 11, 12 | Bus 54 Kjelsås*

TUSENFRYD (121 F4) *(🕮 O)*
Norwegens größter Freizeitpark Tusenfryd liegt rund 20 km südlich von Oslo und bietet 33 verschiedene, bisweilen halsbrecherische Attraktionen – vom beschaulich drehenden Karussell bis zur rasanten Fahrt mit Nordeuropas größter Achterbahn *Thunder Coaster* oder dem im Wasser endenden *Super Splash*. *Juli–Aug. tgl. 10.30–19 Uhr, sonst stark variierende Zeiten | Tagesticket unter 95 Größe cm frei, unter 120 cm 299, über 120 cm 369 NOK | www.tusenfryd.no | E 18 Richtung Süden, Abfahrt Vinterbro, dann ausgeschildert | Bus vom Busterminal Oslo während der Öffnungszeiten alle 30 Min. | Erw. 50, Kinder 25 NOK, Tickets am Automaten kaufen!*

EVENTS, FESTE & MEHR

Für fast alle Osloer Veranstaltungen und Festivals gibt's Tickets über *Billettservice (Tel. 81533133 | www.billettservice.no)*.

VERANSTALTUNGEN

MÄRZ

Ein ausgesprochen nordisches Profil hat das INSIDER TIPP ***Rockfestival by:larm*** mit rund 50 zumeist jungen Gruppen 4 Tage am Beginn des Monats. Eine Fachjury wählt die Teilnehmer aus, das Niveau ist erstaunlich hoch. *bylarm.no/music*

Der ★ ***Holmenkollen-Sonntag*** *(meist der 2. des Monats)* ist mehr als ein Skispringen. Das Volksfest beginnt schon in der U-Bahn, um die Schanze herum ist dann bei jedem Wetter richtig Stimmung, die durch erstklassige Sprünge, Punsch und warme Würstchen angeheizt wird.

Oslo Internasjonale Kirkemusikkfestival: An zehn Tagen der ersten Monatshälfte füllen sich Oslos Kirchenräume mit mittelalterlichen bis zeitgenössischen Klängen. *www.kirkemusikkfestivalen.no*

MÄRZ/APRIL

Beim ***Inferno Metal Festival*** treffen sich jedes Jahr zu Ostern 40 Bands und Fans der harten Musik vier Tage zum ausgiebigen Feiern. *www.infernofestival.net*

MAI

Höhepunkt des Nationalfeiertags am 17. ist der ***Kinderumzug*** auf der Straße Karl Johan zum Schlossplatz hoch und an der königlichen Familie vorbei. Den Rest des Tages wird gefeiert – in jedem Stadtteil, in den Parks und immer für die Kinder.

JUNI

★ ● ***Mittsommernacht:*** Am 23. Juni feiert ganz Oslo mit Lagerfeuern und viel Alkohol unter freiem Himmel die kürzeste Nacht des Jahres, gern im Frognerpark.

Norwegian Wood: das älteste und bekannteste Rockfestival von Oslo auf dem Gelände des Freibads *Frognerbadet* mit internationalen Rockklassikern sowie norwegischen Gruppen. *www.norwegianwood.no*

AUGUST

Øyafestivalen: internationales Rockfestival Anfang des Monats im Middelalderparken. *www.oyafestivalen.com*

Oslo Jazzfestival: Eine ganze Woche lang treffen lokale und nationale Größen auf die Welt, Solisten auf Big Bands, Jugend auf Weltstars. *www.oslojazz.no*

Oslo Kammermusikkfestival mit hochkarätigen Streichquartetten aus aller Welt. Attraktive Mischung aus entspannter At-

mosphäre und ungewöhnlichen Veranstaltungsorten wie Kirchen, Kunstarenen und Osloer Prachtbauten. *www.oslokammermusikkfestival.no*

SEPTEMBER

Ultima – Contemporary Music Festival: Das Festival der zeitgenössischen Musik ist das größte seiner Art in Skandinavien. Ab dem 2. Donnerstag zehn Tage lang auf allen großen Konzertbühnen der Stadt. Am 1. Freitag des Festivals steigt gleichzeitig die ***Osloer Kulturnacht***. *www.ultima.no*

OKTOBER

CODA Oslo International Dance Festival: hochkarätiges Tanztheater mit internationalen Gastspielen in Oper und Dansens Hus. *www.codadancefest.no*

Film fra Sør: eine Wundertüte für Cineasten mit Spiel- und Dokumentarfilmen v. a. aus Asien, Afrika und Südamerika. Außerhalb der Kinosäle gibt's musikalische Begegnungen sowie Treffen rund ums Nicht-Hollywood-Kino. *www.filmfrasor.no/en*

OKTOBER/NOVEMBER

INSIDER TIPP ***Oslo World Music Festival***: ein Höhepunkt im Osloer Musikjahr Ende Oktober/Anfang November, zu dem Musiker aus der ganzen Welt über 20 Konzerte an verschiedenen Veranstaltungsorten in der Stadt geben. *osloworld.no*

DEZEMBER

Konzert anlässlich der Friedensnobelpreisverleihung am 11. Dezember im Konzertsaal Oslo Spektrum, bei dem auch der Preisträger dabei ist

FEIERTAGE

1. Jan.	Neujahr
13. April 2017, 29. März 2018	Gründonnerstag
14. April 2017, 30. März 2018	Karfreitag
17. April 2017, 2. April 2018	Ostermontag
1. Mai	Tag der Arbeit
17. Mai	Tag der Verfassung
25. Mai 2017, 10. Mai 2018	Christi Himmelfahrt
5. Juni 2017, 21. Mai 2018	Pfingstmontag
24. Dez.	Heiligabend (nachmittags)
25./26. Dez.	Weihnachten

LINKS, BLOGS, APPS & CO.

LINKS & BLOGS

short.travel/osl1 Basisinformationen wie Sehenswertes und Hotels für Touristen; dazu gibt es für Sie reichlich Fakten über das Wetter, Transportmittel, Stadtgeschichte, Events und noch viel mehr

www.visitoslo.com/de Sehr übersichtliche Seite trotz der umfangreichen Informationen; neben Tourismus- und Reiseinfos gibt es auch Angebote für Kongresse und Konferenzen. Nach der Reise kann man hier Tipps, Bilder sowie Videos veröffentlichen

www.marcopolo.de/oslo Alles auf einen Blick zu Ihrem Reiseziel Oslo: Interaktive Karten inklusive Planungsfunktion, Impressionen aus der Community, aktuelle News und Angebote ...

neuesausnorwegen.com Der Blog ist einfach nur nett zu lesen: die Alltagsgeschichten einer Deutschen, „die in Oslo lebt und keinen Brunost mag". Wer wissen will, was Rema 1000 ist, wie die deutsche Laugenstange in Oslo ankommt oder wie die Norweger auf den Euro Song Contest abfahren, ist hier genau richtig

wikitravel.org/en/Oslo Vorab informieren, hinfahren und dann selbst am Reiseführer Oslo in Wikipedia-Format mitschreiben; die besseren Infos gibt's auf der englischen Seite

short.travel/osl12 Kein Blog, sondern eine Facebook-Seite mit dem herrlichen Titel „Oslo – A Poor Man's Connoisseur Guide". Sie zeigt dem Interessierten, wie er in einer der teuersten Städte der Welt mit wenig Geld und durchaus zufrieden über die Runden kommt

short.travel/osl15 Die Thorntree-Community tauscht Erfahrungen und nützliche Tipps rund um die norwegische Hauptstadt: Welche Transportmittel sind die verlässlichsten für die Anreise? Hier finden Sie auch Hinweise darauf, welche Unterkünfte besonders billig sind oder welches China-Restaurant auf keinen Fall zu empfehlen ist

Egal, ob für Ihre Reisevorbereitung oder vor Ort: Diese Adressen bereichern Ihren Urlaub. Da manche sehr lang sind, führt Sie der short.travel-Code direkt auf die beschriebenen Websites. Falls bei der Eingabe der Codes eine Fehlermeldung erscheint, könnte das an Ihren Einstellungen zum anonymen Surfen liegen

www.internations.org/oslo-expats Diese Seite bietet keine längeren Texte, dafür aber viele nützliche Tipps. Sie ist Kontakt- und Austauschbörse für Auswanderer – oder die, die es werden wollen. Gibt's für Deutsche, Österreicher und Schweizer

www.facebook.com/VisitOslo Auf der Facebook-Seite von Visit Oslo posten Fans der norwegischen Hauptstadt lauter aktuelle Tipps und frische Fotoimpressionen – vom neuen Barcode-Viertel bis hin zum verträumten schneebedeckten Akersveien

VIDEOS & MUSIK

short.travel/osl9 Dreieinhalb Minuten mit Winterimpressionen aus Oslo. Visuell sehr ansprechend, leider stört der Popsong als Hintergrund ein wenig

short.travel/osl3 In Slow Motion gefilmte Eindrücke werden hier auf künstlerische Art und Weise mit frischen Beats unterlegt; verträumt und gleichzeitig stylish – ein bisschen wie die Stadt selbst

short.travel/osl10 Die wichtigsten Sehenswürdigkeiten sind dabei, und auch wenn fast nur von links nach rechts gefilmt wird, ist dies ein schöner und musikalisch passend unterlegter Einstieg in die norwegische Hauptstadt

short.travel/osl13 Ein sehr persönliches Porträt eines deutschen Geigers, der seit 30 Jahren in Oslo lebt und drei Minuten lang einen Einblick in die Oper und sein Osloer Zuhause gewährt

APPS

City Guide Oslo von APlus Software Mit dieser App brauchen Sie nicht online zu sein, um sich zu orientieren oder sich über historische wie kulturelle Fakten zu informieren. Auch Sicherheitshinweise und Fun Facts sind enthalten

Oslo – Official City App Die offizielle City-App des Osloer Fremdenverkehrsamts für iPhone, iPad und Android ist auch auf Deutsch verfügbar

AllSubway Fahrpläne der öffentlichen Verkehrsmittel von über 120 Städten von Amsterdam bis Zürich – natürlich ist auch der Osloer Linienplan dabei

PRAKTISCHE HINWEISE

ANREISE

Die *Color-Line-Fähre (20 Std. | Autopakete für 4 Pers. ab 480 Euro, Hauptsaison 770 Euro hin und zurück | www.colorline.de)* verkehrt direkt zwischen Kiel und Oslo. Weitere Verbindungen von/nach Deutschland, Dänemark bzw. Schweden *(z. B. Kiel–Göteborg und Fredrikshavn–Oslo)* über *Stena Line (www.stenalines.de)*.

Eine schöne Kombination aus Auto- und Kreuzfahrt ist die Passage mit den *Nightlinern von DFDS (Abfahrt am Nachmittag, Ankunft am Vormittag, 17 Std. | 2 Pers./Pkw/Kabine ab 169 Euro je Strecke, günstige Anschlusstickets für Puttgarden–Rødby in Dänemark | www.dfds.com)* von Kopenhagen nach Oslo.

GRÜN & FAIR REISEN

Auf Reisen können auch Sie viel bewirken. Behalten Sie nicht nur die CO_2-Bilanz für Hin- und Rückreise im Hinterkopf *(www.atmosfair.de; de.myclimate.org)* – etwa indem Sie Ihre Route umweltgerecht planen *(www.routerank.com)* –, sondern achten Sie auch Natur und Kultur im Reiseland *(www.gate-tourismus.de; www.ecotrans.de)*. Gerade als Tourist ist es wichtig, auf Aspekte wie Naturschutz *(www.nabu.de; www.wwf.de)*, regionale Produkte, wenig Autofahren, Wassersparen und vieles mehr zu achten. Wenn Sie mehr über ökologischen Tourismus erfahren wollen: europaweit *www.oete.de*; weltweit *www.germanwatch.org*

Aktuell fahren zwei Busanbieter die Langstrecke Hamburg–Oslo. Die Fahrzeit beträgt 14,5 bzw. 15 Std. Fahrten ab 70 Euro/Strecke. Informationen erhalten Sie unter *Eurolines.se* oder *Swebus.com*.

Ein trauriges Kapitel sind die internationalen Zugverbindungen von und nach Oslo. Die Fahrt ab Hamburg über Kopenhagen und Malmø dauert 20 Stunden, Ankunft am Hauptbahnhof *Oslo Sentralstasjon (Oslo S)*. Preislich lohnt sich nur das *Interrail-Ticket (ca. 276 EUR, 1-Land-Pass für 8 Tage ca. 320 EUR)*. Oslo S liegt direkt im Zentrum der Stadt, alle Straßen- und U-Bahnen haben hier eine Haltestelle.

Den Osloer Flughafen *Gardermoen (40 km nördlich)* fliegen SAS, Lufthansa und Norwegian von mehreren deutschen Flughäfen aus an. Ab Zürich fliegen SAS und Swiss International Airlines, Austria fliegt von Wien direkt nach Oslo. Norwegian steuert von Berlin-Schönefeld außer Gardermoen auch den Flugplatz *Torp (100 km westlich)* an, RyanAir von mehreren deutschen Flugplätzen aus den Landeplatz *Rygge (70 km südöstlich)*. Zwischen Gardermoen und Oslo fährt ein Hochgeschwindigkeitszug *(einfache Fahrt 180 NOK)*. Alternative: Die Züge der NSB, Norwegens staatlicher Eisenbahn, bringen Sie für 90 Kronen in knapp 25 Minuten zum Osloer Hauptbahnhof. Rückfahrt: ab Oslo S NSB-Zug nach Eidsvoll oder Lillehammer. Der Bus Rygge–Oslo kostet 180 NOK *(hin u. zurück 320 NOK)*, die Busfahrt Torp–Oslo dauert gut 100 Minuten und kostet 260 NOK *(hin u. zurück 470 NOK)*.

Von Anreise bis Zoll

Urlaub von Anfang bis Ende: die wichtigsten Adressen und Informationen für Ihre Osloreise

AUSKUNFT VOR DER REISE

VISIT NORWAY

Caffamacherreihe 5 | 20355 Hamburg | Tel. 040 4 02 29 41 50 | www.visitnorway.de | weitere Informationen unter www.visitoslo.com/de

AUSKUNFT

TRAFIKANTEN

– Hauptbahnhof Oslo S, im Gebäude Østbanehallen, neben dem Haupteingang **(118 B2)** *(🕮 J4) (Tel. 81 53 05 55)*

DIPLOMATISCHE VERTRETUNGEN

DEUTSCHE BOTSCHAFT

(111 D4) *(🕮 G3)*

Mo–Fr 8.30–11.30 Uhr | Oscars gate 45 | 0244 Oslo | Tel. 23 27 54 00 | www.oslo.diplo.de

ÖSTERREICHISCHE BOTSCHAFT

(110 B5) *(🕮 E4)*

Mo–Fr 10–12 Uhr | Thomas Heftyes gate 19–21 | 0244 Oslo | Tel. 22 54 02 00 | oslo-ob@bmeia.gv.at

BOTSCHAFT DER SCHWEIZ

(110 A4) *(🕮 D3)*

Mo–Fr 9.30–12 Uhr | Bygdøynesveien 13 | 0244 Oslo | Tel. 22 54 23 90 | www.eda.admin.ch/oslo

FAHRRADFAHREN

In der Stadtmitte gibt es wenige Fahrradwege, je zwei Radwegachsen Nord–Süd und Ost–West durch Oslo sind geplant. Bis dahin sollten Radfahrer, die das Radeln genießen wollen, auf die Wanderwege am Stadtrand ausweichen. Hier sind tolle Tagesausflüge möglich. Detaillierte Radwanderkarten für den Ost- und Westteil der Stadt gibt es bei *Syklistenes Landsforening (Østensjø veien 29 | 0661 Oslo | post@syklistene.no)*.

Es gibt rund hundert Standorte in Oslo, an denen Stadträder mithilfe einer Karte gemietet werden können. Die Karte ist bei der Touristeninformation erhältlich, Mietdauer jeweils max. 3 Std. Die Karte kostet 120 NOK/Tag. Für längere Touren mit oder ohne Stadtführer empfiehlt sich *Viking Biking* **(117 F2)** *(🕮 H5) (Nedre Slotts gate 4 | Tel. 41 26 64 96 | www.vikingbikingoslo.com)*. Offroad-Räder für Ausflüge in der Nordmarka gibt es in der *DNT-Hütte Kikut (Näheres unter www.kikutstua.no)*.

GELD & KREDITKARTEN

Mit einer Visacard oder Mastercard können Sie überall bezahlen, mit American Express fast überall. An den Geldautomaten *(minibank)*, die es an fast jeder Straßenecke gibt, bekommen Sie mit den international üblichen Kreditkarten sowie mit Ihrer EC-Karte Bargeld. Gebührenfrei Geld tauschen Sie in den Filialen der schwedischen Forex-Bank *(zwei am Hauptbahnhof sowie Fridtjof Nansens plass 6)*. Banken haben vom 15. Mai bis 15. Aug. nur Mo bis Fr von 9 bis 14.30 Uhr geöffnet, sonst Mo bis Fr von 9 bis 19 oder bis 20 Uhr.

GESUNDHEIT

Ärztlicher Notdienst und Krankenwagen werden über Tel. 113 angerufen. Erste

WAS KOSTET WIE VIEL?

Taxi	ab 15 Euro	*für eine Kurzstrecke*
Cappuccino	ab 3 Euro	*für eine Tasse im Café*
Souvenir	ca. 24 Euro	*für einen Holztrinkbecher*
Bier	7–9 Euro	*für 0,5 l vom Fass*
Wurst	3 Euro	*gebrüht oder gebraten*
CD	ca. 19 Euro	*mit norwegischem Jazz*

Anlaufstelle für Kranke und Verletzte ist die rund um die Uhr geöffnete *Oslo Legevakt (Storgata 40 | Tel. 116117)*. Die europäische Krankenversicherungskarte EHIC sollten Sie mit sich führen, ein Eigenanteil – je nach Behandlung liegen die Kosten zwischen 141 und 282 NOK, Röntgen 227 NOK – ist zu entrichten. Die einzige rund um die Uhr geöffnete Apotheke in Oslo liegt am Platz vor dem Hauptbahnhof *(jernbanetorget)*.

MAUT

Bei der Einfahrt mit dem Auto nach Oslo über die Europastraßen wird elektronisch eine Maut von 35 NOK erhoben. Eine Barzahlung ist nicht möglich, Reisende ohne Autopass-Chip an der Frontscheibe bekommen im Normalfall später eine Rechnung zugeschickt. Wer dies umgehen möchte und länger in Norwegen bleibt, kann auch online auf der deutschen Seite von *www.autopass.no* mit Kreditkarte ein Konto (z. B. über 300 NOK) eröffnen und dann in Norwegen ungehindert jede Mautstation passieren.

NOTRUF

Feuerwehr (Tel. 110), Polizei (Tel. 112), Medizinische Nothilfe (Tel. 113)

ÖFFENTLICHE VERKEHRSMITTEL

Es gibt in der Hauptstadt ein U-Bahn-Netz *(T-bane)*, sechs Straßenbahnlinien *(trikk)*, ein paar Fährverbindungen zu den Inseln im Oslofjord und Buslinien. Einzeltickets – auch für die T-Bahn – werden in Bus oder Straßenbahn verkauft *(52 NOK)* und gelten bis eine Stunde. Deutlich günstiger *(32 NOK)* sind die Tickets in einem Kiosk nahe der Haltestelle oder dort am Schalter. Für Oslo-Pass-Inhaber sind die öffentlichen Verkehrsmittel frei. Weitere Infos und Fahrtenplaner gibt es unter *ruter.no*

ÖFFNUNGSZEITEN

Supermärkte sind wochentags von 9 bis 21 Uhr, manche sogar bis 23 Uhr geöffnet. Samstags ist von 9 bis 16 oder bis 18 Uhr die übliche Öffnungszeit. Die meisten übrigen Geschäfte haben von Mo bis Fr von 9 bis 20, samstags bis 16 Uhr geöffnet.

OSLO-PASS

Freier Eintritt zu mehr als 30 Museen und öffentlichen Schwimmbädern, freie Benutzung der öffentlichen Verkehrsmittel und freies Parken sind gute Gründe für Besucher, sich einen Oslo-Pass für 1, 2 oder 3 Tage zu besorgen. Weitere Boni: 20–30 Prozent Ermäßigung auf beliebte Stadtrundfahrten, Rabatt bei einigen Autovermietern und in vielen Restaurants. Den Oslo-Pass gibt es in den Touristeninformationen, in Hotels oder online auf *www.visitoslo.com*. Er kostet für 3 Tage

620 (Kinder 310 NOK), für 2 Tage 490 (Kinder 250 NOK) und für einen Tag 335 (Kinder 170 NOK).

PARKEN

Kostenlose Parkplätze gibt es im Stadtzentrum Oslos so gut wie gar nicht. Auf den gekennzeichneten städtischen Plätzen wird von Mo bis Fr von 9 bis 18 und Sa von 9 bis 15 Uhr eine Gebühr erhoben; auf vielen Parkplätzen gilt eine Höchstparkdauer von 3 Std. Das Limit betrifft auch Inhaber eines Oslo-Passes, die hier mit ihren Autos kostenlos stehen dürfen. Die vielen Parkhäuser in der Stadt sind zwar recht teuer, aber dafür sicher und unbegrenzt nutzbar. Fast alle Hotels haben eigene Stellplätze für Gäste.

POST

Die Postämter sind Mo bis Fr von 8 bis 17 und Sa von 9 bis 15 Uhr geöffnet. Sehr viele Lebensmittelgeschäfte haben aber einen Postschalter *(post i butikk)*. Sie sind mit dem roten Logo der Post *(posten)* gekennzeichnet.

PREISE

Gute Planung spart in einer der teuersten Hauptstädte der Welt bares Geld. Hotelzimmer werden grundsätzlich mit reichlichem Frühstück angeboten, das das Mittagessen ersetzt. In der Stadtmitte gibt es kaum günstige Supermärkte, also decken Sie sich eher am Stadtrand mit Verpflegung ein. Das spart den Snack zwischendurch sowie das Getränk in der Kneipe, beides in Oslo erschreckend teuer.

STADTRUNDFAHRTEN

Mit 620 NOK zwar ein bisschen teuer, aber wirklich gehaltvoll ist die *Grand tour of Oslo (Ende Mai–Ende Aug. tgl. 10.30–*

BÜCHER & FILME

Peter und der Prof – Die Kriminalgeschichten der Jugendbuchreihe des in Hamburg lebenden Schriftstellers Ingvar Ambjørnsen richten sich vor allem an ein jugendliches Publikum

Norwegen-Krimis – Schon längst haben norwegische Krimis auch in deutschsprachigen Ländern viele Anhänger. Der alkoholisierte Kommissar Hole des Krimiautors Jo Nesbø zeigt uns ebenso die knallharten Schattenseiten der norwegischen Hauptstadt wie Anne Holts Kommissarin Hanne Willemsen. Auch in den Krimis der Autorinnen Karin Fossum und Unni Lindell steht Oslo im Zentrum

Oslo, 31. August – Der Film zeigt Osloer Stadtlandschaften und Porträts junger, von Illusionen befreiter Menschen im Laufe von 24 Stunden. Keine leichte Kost, aber ein international anerkannter Film (2011) des Norwegers Joachim Trier (DVD mit deutscher Synchronisation)

Doktor Proktors Pubspulver – Herrliche Verfilmung (2014) des Kinderbestsellers von Jo Nesbø, in der ein genial-verrückter Erfinder für viel Aufregung sorgt – und die Zuschauer auf eine Stadtreise durch Oslo mitnimmt (DVD auf Deutsch)

16.30 Uhr | Abfahrt ab Anleger 3 vor dem Rathaus | Anmeldung Tel. 22 78 94 00) mit Bus und Schiff. Alle Highlights der Stadt und die wichtigsten Museen werden auf der Tour besucht, Höhepunkt ist die zweistündige Schifffahrt. Die anderen *Sightseeing-Touren von HMK (Dauer 2,5–5 Std. | 240–420 NOK | Anmeldung/Tickets bei der Touristeninformation, beim Fahrer oder auf www.hmk.no)* starten jeweils um 10.30 Uhr am Kronprinsesse Märthas plass (am Rathaus). Geht immer: die insgesamt 1,5 Std. dauernde *Hop-on-Hop-off-Rundfahrt (ab Anleger 3 vor dem Rathaus | 4 Stopps, tgl. vier Abfahrten, erste 9.45, letzte 14.15 Uhr, Juli/Aug. bis 19 Uhr | NOK 205)* mit einem kleinen Schiff auf dem Oslofjord. Auf die genannten Touren gibt es Rabatt mit dem Oslo-Pass.

TAXI

Die drei Taxiunternehmen mit zentraler Rufnummer sind *Norgestaxi (Tel. 0 80 00), Oslo Taxi (Tel. 0 23 23)* und *Taxi 2 (Tel. 0 22 02)*. Die Fahrzeuge sind mit Taxameter ausgestattet, der Grundpreis beträgt rund 100 NOK, jeder Kilometer 15 NOK *(Strecke Stadtmitte–Bygdøy ca. 250 NOK)*. Taxistandplätze sind beschildert. Beachten Sie, dass sich dort an Wochenenden nach 23 Uhr bis in den frühen Morgen lange Warteschlangen bilden.

TELEFON & HANDY

Auslandsvorwahlen aus Norwegen nach Deutschland *00 49*, nach Österreich *00 43*, in die Schweiz *00 41*. Aus dem Ausland wird nach Norwegen die *00 47*

WETTER IN OSLO

	Jan.	Feb.	März	April	Mai	Juni	Juli	Aug.	Sept.	Okt.	Nov.	Dez.
Tagestemperaturen in °C	-2	-1	4	10	16	20	22	21	16	9	3	0
Nachttemperaturen in °C	-7	-7	-4	1	6	10	13	12	8	3	-1	-4
Sonnenschein Stunden/Tag	2	3	4	6	7	8	7	7	5	3	1	1
Niederschlag Tage/Monat	8	7	5	7	7	10	11	11	10	10	12	10
Wassertemperaturen in °C	3	2	3	5	9	13	16	17	15	11	7	5

 Sonnenschein Stunden/Tag · Niederschlag Tage/Monat · Wassertemperaturen in °C

vorgewählt. In Norwegen sind alle Telefonnummern (außer Sondernummern) achtstellig, Vorwahlen gibt es nicht; Handynummern beginnen mit 9 oder 4. GSM-Handybesitzer werden in Norwegen problemlos telefonieren können.
Es gibt nur noch sehr wenige Telefonzellen, die Münzen oder Karten (erhältlich an einem Kiosk) annehmen.

TRINKGELD

Nicht selbstverständlich, doch wenn Essen und Service gut waren, sind bis zu zehn Prozent durchaus üblich.

VERANSTALTUNGSHINWEISE & VORVERKAUF

Den einzigen deutschsprachigen Veranstaltungskalender gibt es auf der Website *www.visitoslo.com*. In Touristeninformationen und den meisten Hotels liegt das englischsprachige Gratismagazin *What's on Oslo* aus, das alle zwei Monate erscheint. Eintrittskarten können Sie unter *www.billettservice.no* im Voraus kaufen, ansonsten bekommen Sie sie nur an der jeweiligen Abendkasse.

WINTERSPORT

Wer allein zum Langlauf aufbrechen möchte, besorgt sich eine *turkart* im Maßstab 1:25 000 des *Norwegischen Bergwandervereins DNT (www.turistforeningen.no)*, z. B. Holmenkollen, Nordmarka Sör, Vinter, und wählt eine der höher gelegenen Haltestellen der T-Bahnline 1 (Holmenkollen). Alpinisten fahren in den *Vinterpark* **(116 B1)** *(🕮 O) (Tryvannstårnet | Mo–Fr 10–22, Sa/So 10–17 Uhr | T-Bahn 1 Voksenkollen | dort mit Bus weiter)* oberhalb vom Holmenkollen. Die Pisten sind nicht so lang wie in den Alpen, bieten aber Aussicht und Spaß genug.

WLAN

WLAN ist in Oslo nahezu flächendeckend verbreitet. In jedem Hotel sind Internetzugänge für Besucher eingerichtet, fast jedes Café/jede Bar hat WLAN. Sie können sich schon auf dem Flughafen *Gardermoen* und im Zug in die City ein Passwort bestellen und kostenlos einloggen.

WÄHRUNGSRECHNER

€	NOK	NOK	€
1	9,33	1	0,11
2	18,66	25	2,68
3	28,00	50	5,36
4	37,33	150	16,07
5	46,66	200	21,43
7	65,32	300	32,15
9	83,99	400	42,86
75	699,91	750	80,37
125	1166,52	1200	128,59

ZEITUNGEN

Deutschsprachige Zeitungen gibt es am Hauptbahnhof und an den Kiosken in der Stadtmitte.

ZOLL

Nach Norwegen dürfen z. B. 2 l Bier, 1 l Spirituosen über 22-Vol.-% und 1,5 l Wein sowie 200 Zigaretten eingeführt werden. Bei der Rückreise in die EU sind u. a. 200 Zigaretten, 1 l Spirituosen über 22-Vol.-% und 2 l alkohol. Getränke bis 22-Vol.-% sowie andere Waren bis zu einem Wert von 300 Euro (Flug-/Seereisende: 430 Euro) erlaubt. Für die Schweiz gelten andere Bestimmungen. Der Gesamtwert aller Waren darf jedoch 300 CHF nicht überschreiten. Weitere Infos unter *www.zoll.de*

SPRACHFÜHRER NORWEGISCH

AUSSPRACHE

In diesem Sprachführer sind alle norwegischen Wörter der Hauptlandessprache *bokmål* mit einer einfachen Aussprache (in eckigen Klammern) versehen.

AUF EINEN BLICK

ja/nein/vielleicht	ja/nei/kanskje [ja/näi/kansche]
Bitte.	(bittend:) Vær så snill. [wär schoh snill] (anbietend:) Vær så god. [wär schoh gu]
Danke.	Takk. [tak]
Entschuldige./ Entschuldigen Sie.	Unnskyld. [ünnschüll]
Darf ich ...?	Kan jeg ...? [kann jäi]
Wie bitte?	Hva sa du? [wa sa dü]
Ich möchte .../Haben Sie (noch) ...?	Jeg vil gjerne ... /Har du (noen) ... ? [jäi will jährne/har dü (nuen)]
Wie viel kostet ...?	Hva koster ... ? [wa koster]
Das gefällt mir (nicht).	Det liker jeg (ikke). [de liker jeg (icke)]
gut/schlecht	bra/dårlig [bra/dorli]
kaputt/funktioniert nicht	ødelagt/fungerer ikke [ödelagt/fungerer icke]
zu viel/viel/wenig	for mye/mye/lite [for müe/müe/lihte]
alles/nichts	alt/ingenting [alt/ingenting]
Hilfe!/Achtung!/Vorsicht!	Hjelp!/Pass på!/Forsiktig! [jälp/pass po/forsikti]
Krankenwagen	sykebil [sükebiel]
Polizei/Feuerwehr	politi/brannvesen [politi/brannwesen]
Verbot/verboten	Forbud/forbudt [forbütt]
Gefahr/gefährlich	Fare/farlig [fare/farli]

BEGRÜSSUNG UND ABSCHIED

Gute(n) Morgen!/Tag!/ Abend/Nacht!	God morgen!/dag!/kveld!/natt! [gu morn/gu dag/ gu kwäll/gu natt]
Hallo!	Hei! [hai]
Auf Wiedersehen!/Tschüss!	Ha det! [ha de]
Ich heiße ...	Jeg heter ... [jäi hehter]
Wie heißen Sie/heißt du?	Hva heter du? [wa hether dü]
Ich komme aus ...	Jeg er fra ... [jäi er fra]

Snakker du norsk?

„Sprichst du Norwegisch?" Dieser Sprachführer hilft Ihnen, die wichtigsten Wörter und Sätze auf Norwegisch zu sagen

DATUMS- UND ZEITANGABEN

Montag/Dienstag	mandag/tirsdag [mandag/tirsdag]
Mittwoch/Donnerstag	onsdag/torsdag [unsdag/tursdag]
Freitag/Samstag	fredag/lørdag [frehdag/lördag]
Sonntag/Werktag	søndag/ukedag [sönndag/ükedag]
Feiertag	helligdag [hellidag]
heute/morgen/gestern	i dag/i morgen/i går [i dag/i morn/i gohr]
Stunde/Minute	time/minutt [tihme/minütt]
Tag/Nacht/Woche	dag/natt/uke [dag/natt/üke]
Monat/Jahr	måned/år [moned/orr]
Wie viel Uhr ist es?	Hva er klokken? [wa ähr klocken?]
Es ist drei Uhr/halb vier.	Klokken er tre./Klokken er halv fire. [klocken ähr tre/klocken ähr hall fiere]

UNTERWEGS

offen/geschlossen	åpent/stengt [ohpent/stängt]
Eingang/Einfahrt	inngang/innkjørsel [ingang/inkjörsel]
Ausgang/Ausfahrt	utgang/utkjørsel [ütgang/ütkjörsel]
Abfahrt, Abflug/Ankunft	avgang/ankomst [awgang/ankommst]
Toiletten	toaletter [toaletter]
Wo ist ...?/Wo sind ...?	Hvor er ...? [wur är]
links/rechts	venstre/høyre [wänstre/höire]
geradeaus/zurück	rett fram/tilbake [rett fram/tillbake]
nah/weit	nært/langt (unna) [närt/langt (ünna)]
Bus/Straßenbahn	buss/trikk [büss/trick]
U-Bahn/Taxi	T-bane/drosje [te-bahne/drosche]
Haltestelle/Taxistand	stoppested/drosjeholdeplass [stoppested/droscheholleplass]
Parkplatz/Parkhaus	parkeringsplass/parkeringshus [parkäringsplass/parkäringshüss]
Stadtplan/(Land-)Karte	bykart/kart [bükart/kart]
Bahnhof/Hafen/Flughafen	jernbanestasjon/havn/flyplass [järnbahnestaschon/hawn/flüplass]
Fahrschein/Zuschlag	billett/påslag [bielett/poschlag]
einfach/hin und zurück	enkel/tur-retur [änkel/tür-retür]
Zug/Gleis/Fahrplan	tog/spor/rute [tog/spur/rüte]
Ich möchte ... mieten.	Jeg vil gjerne leie ... [jäi will järne leie]
ein Auto/Fahrrad/Boot	en bil/sykkel/båt [en biel/sükkel/boht]
Tankstelle	bensinstasjon [bänsinstaschion]
Panne/Werkstatt	skade/verksted [panne/wärksted]

ESSEN & TRINKEN

Reservieren Sie uns bitte für heute Abend einen Tisch für vier Personen.	Vi vil gjerne bestille et bord for fire personer til i kveld. [wi will järne bestille ät bur for fire persuner till i käll]
Die Speisekarte, bitte.	Kan jeg få menyen? [kann jäi fo menüen]
Könnte ich bitte ... haben?	Kunne jeg få ...? [künne jäi fo]
Salz/Pfeffer/Zucker	salt/pepper/sukker [salt/päpper/sucker]
Essig/Öl	eddik/olje [äddick/ulje]
Milch/Sahne/Zitrone	melk/fløte/sitron [mälk/flöte/sitrun]
mit/ohne Eis	med/uten is [meh/üten ihs]
Vegetarier(in)/Allergie	vegetarianer/allergi [wegetarianer/allergi]
Ich möchte zahlen, bitte.	Jeg vil gjerne betale. [jäi will järne betale]

EINKAUFEN

Ich möchte .../Ich suche ...	Jeg vil gjerne .../Jeg leter etter ... [jäi will järne/jäi leter ätter]
Apotheke/Drogerie	apotek/parfymeri [apothek/parfümeri]
Bäckerei/Markt	bakeri/torget [bakeri/torg]
Einkaufszentrum/Kaufhaus/Supermarkt	handlesenter/varehus/supermarked [handlesänter/warehüs/süpermarked]
mehr/weniger	mer/mindre [mähr/mindre]
aus biologischem Anbau	biologisk dyrket [biulogisk dürket]

ÜBERNACHTEN

Ich habe ein Zimmer reserviert.	Jeg har bestilt et rom. [jäi har bestilt ett ruhm]
Einzelzimmer	enkeltrom [enkeltruhm]
Doppelzimmer	dobbeltrom [dobbeltruhm]
Frühstück/Halbpension/Vollpension	frokost/halvpensjon/fullpension [frukost/hallpanschion/füllpanschion]
nach vorne/zum Meer	mot framsiden/mot sjøen [mut frammsiden/mut schöen]
zum See	mot innsjøen [mut innschöen]
Schlüssel/Zimmerkarte	nøkkel/nøkkelkort [nöckel/nöckelkurt]
Gepäck/Koffer/Tasche	bagasje/koffert/veske/bag [bagasche/kuffert/wäske/bäg]

BANKEN UND GELD

Bank/Geldautomat	bank/minibank [bank/minibank]
Geheimzahl	bankkode [bankkude]
Ich möchte ... Euro wechseln.	Jeg vil gjerne veksle ... Euro. [jäi will järne weksle ... äuro]

bar/ec-Karte/Kreditkarte	kontant/bankkort/kredittkort [kontant/bankkurt/kreditkurt]
Banknote/Münze	seddel/mynt [säddel/münt]

GESUNDHEIT

Arzt/Zahnarzt/Kinderarzt	lege/tannlege/barnelege [läge/tannläge/barneläge]
Krankenhaus/Notfallpraxis	sykehus/legevakt [sükehüs/lägewakt]
Fieber/Schmerzen	feber/smerter [feber/smärter]
Durchfall/Übelkeit	diaré/kvalme [diareh/kwalme]
Schmerzmittel/Tablette	smertestillende/tablett [smärtestillende/tablett]

TELEKOMMUNIKATION & MEDIEN

Briefmarke/Postkarte	frimerke/postkort [frimärke/postkort]
Ich brauche eine Telefonkarte fürs Festnetz/eine Prepaidkarte für mein Handy.	Jeg trenger et telefonkort/kontantkort. [jäi tränger ett telefonkort/kontantkort]
Wo finde ich einen Internetzugang?	Hvor er nærmeste internettilgang? [wur er närmeste internetttilgang]
Brauche ich eine spezielle Vorwahl?	Må jeg slå et spesielt nummer først? [mo jäi schlo ett spesielt nummer först]
wählen/Verbindung/ besetzt	slå et nummer/linje/opptatt [schlo ett nummer/linje/upptatt]
Internetanschluss/WLAN	internettilkobling [internett-tilkoblin]

FREIZEIT, SPORT UND STRAND

(Schutz-)Hütte/Lawine	hytte/ras [hütte/ras]
Seilbahn/Sessellift	taubane/stolheis [taubahne/stuhlheis]
Ebbe/Flut/Strömung	fjære/flo/strøm [fjähre/flu/ström]
Strand/Strandbad	strand/sjøbad [stran/schöbad]

ZAHLEN

0	null [nüll]	10	ti [tie]
1	en [ehn]	11	elleve [ellwe]
2	to [tu]	12	tolv [toll]
3	tre [tre]	20	tjue/tyve [chüe/tühwe]
4	fire [fiehre]	100	hundre [hündre]
5	fem [fähm]	200	tohundre [tuhündre]
6	seks [seks]	1000	ettusen [ettüsen]
7	sju/syv [schü/süw]	2000	totusen [tutüsen]
8	åtte [otte]	1/2	en halv [ehn hall]
9	ni [nie]	1/4	en kvart [ehn kvart]

CITYATLAS

Verlauf der Erlebnistour „Perfekt im Überblick"
Verlauf der Erlebnistouren

Der Gesamtverlauf aller Touren ist auch in der herausnehmbaren Faltkarte eingetragen

 Bild: Grünerløkka Damstredet

Unterwegs in Oslo

Die Seiteneinteilung für den Cityatlas finden Sie auf dem hinteren Umschlag dieses Reiseführers

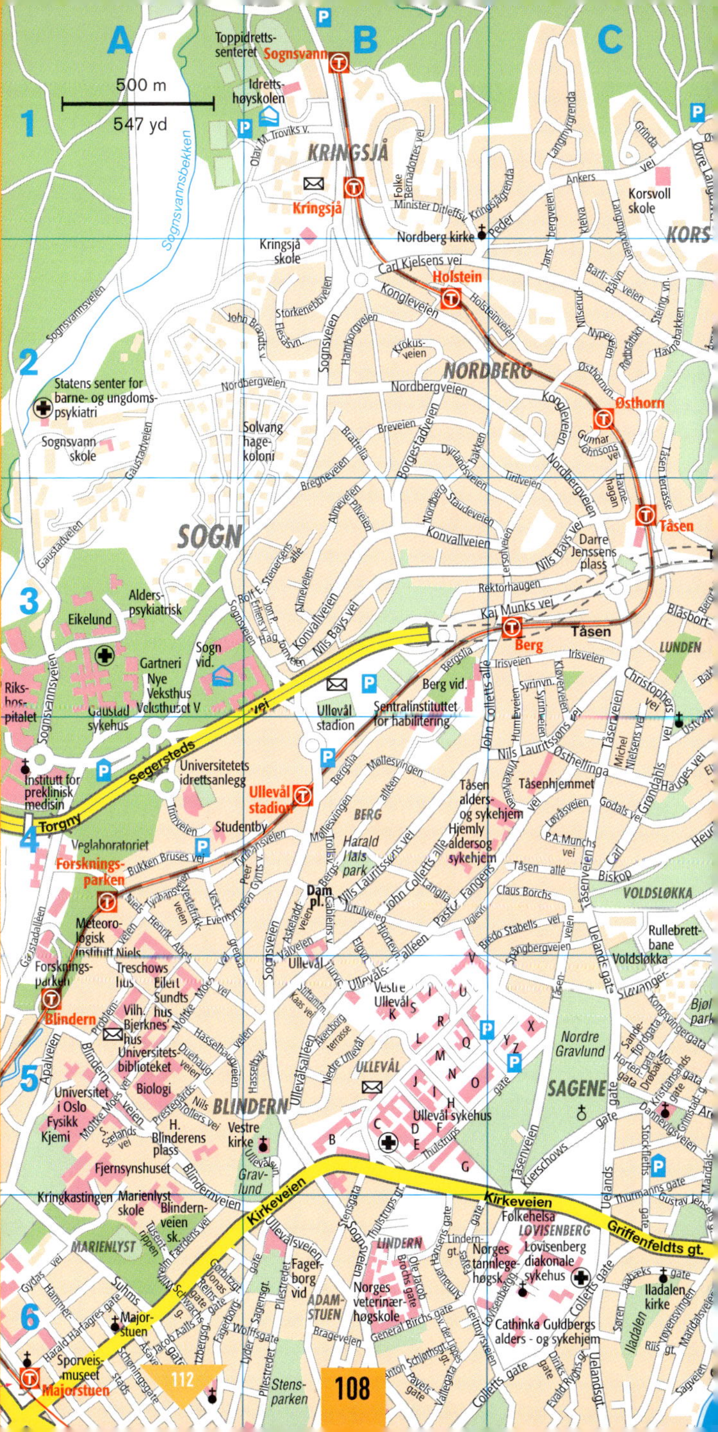
A
B
C
1
2
3
4
5
6
500 m
547 yd
Toppidretts-senteret
Sognsvann
Idretts-høyskolen
Olav M. Troviks v.
KRINGSJÅ
Kringsjå
Kringsjå skole
Sognsvannsbekken
Sognsvannsveien
Folke Bernadottes vei
Minister Ditleffs v.
Kringsjågrenda
Langmyrgrenda
Nordberg kirke
Peder Ankers vei
Korsvoll skole
Grinda
Øvre Langås
KORS
Carl Kjelsens vei
Holstein
Kongleveien
Holsteinveien
Storkenebbveien
John Brandts v.
Flesåsvn.
Sognsveien
Hamborgveien
Krokus-veien
NORDBERG
Nordbergveien
Østhorn
Statens senter for barne- og ungdoms-psykiatri
Sognsvann skole
Gaustadveien
Solvang hage-koloni
Brattelia
Breveien
Borgestadveien
Dyrlandsveien
Gunnar Johnsons vei
Tåsen terrasse
Havnehagan
Tiriltveien
Bregneveien
Almeveien
Pilveien
Nordberg
Staudeveien
Konvallveien
Nordbergveien
Tåsen
SOGN
Nils Bays vei
Darre Jenssens plass
Rektorhaugen
Kaj Munks vei
Berg
Blåsbortvn.
LUNDEN
Alders-psykiatrisk
Eikelund
Sogn vid.
Gartneri
Nye Veksthus
Veksthuset V
Riks-hos-pitalet
Gaustad sykehus
Ullevål stadion
Berg vid.
Sentralinstituttet for habilitering
Bergslia
Irisveien
Syrinvn.
Kløverveien
Christophers vei
Universitetets idrettsanlegg
Institutt for preklinisk medisin
Segersteds vei
Torgny
Ullevål stadion
Studentby
Veglaboratoriet
Forsknings-parken
Bukken Bruses vei
Nils Lauritssøns vei
Østhellinga
Tåsen alders- og sykehjem
Tåsenhjemmet
Hjemly aldersog sykehjem
Godals vei
P.A. Munchs vei
Tåsen allé
Biskop
VOLDSLØKKA
BERG
Harald Hals park
John Colletts allé
Dam pl.
Claus Borchs
Meteoro-logisk institutt
Niels Henrik Abels vei
Eventyrveien
Peer Gynts v.
Bredo Stabells vei
Rullebrett-bane
Voldsløkka
Spångbergveien
Ullevål
Forsknings-parken
Blindern
Treschows hus
Eilert Sundts hus
Vilh. Bjerknes' hus
Universitets-biblioteket
Biologi
Vestre Ullevål
ULLEVÅL
Nordre Gravlund
SAGENE
Universitet i Oslo
Fysikk
Kjemi
BLINDERN
Vestre kirke
Vestre Gravlund
Ullevål sykehus
H. Blinderens plass
Fjernsynshuset
Kringkastingen
Marienlyst skole
Blindern-veien sk.
Kirkeveien
Folkehelsa
LOVISENBERG
Griffenfeldts gt.
MARIENLYST
Fagerborg vid.
LINDERN
Norges tannlege-høgsk.
Lovisenberg diakonale sykehus
Iladalen kirke
Major-stuen
Norges veterinær-høgskole
ADAM-STUEN
Cathinka Guldbergs alders - og sykehjem
Sporveis-museet
Majorstuen
112
Stens-parken

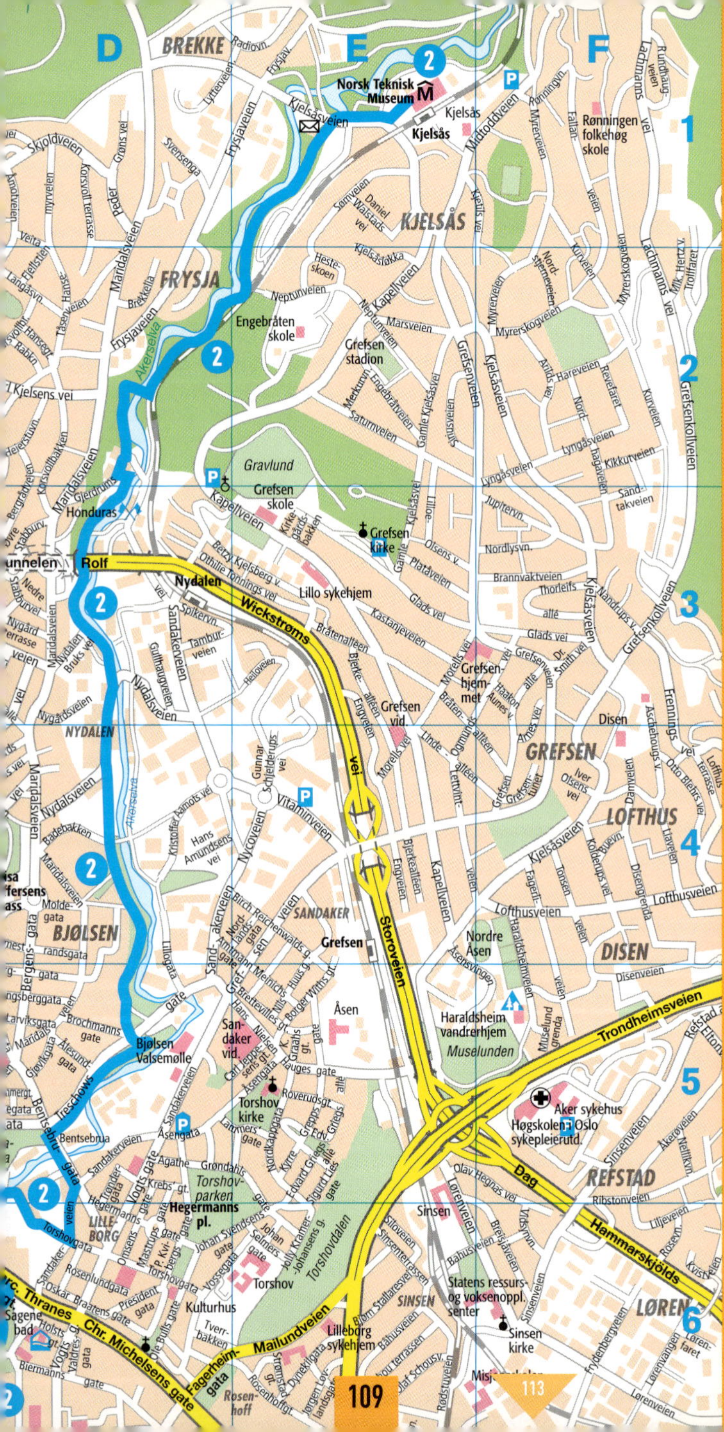
D
E
F
1
2
3
4
5
6
BREKKE
Norsk Teknisk Museum
Kjelsås
KJELSÅS
FRYSJA
Rønningen folkehøg skole
Engebråten skole
Grefsen stadion
Gravlund
Grefsen skole
Grefsen kirke
Honduras
Rolf
Nydalen
Wickstrøms vei
Lillo sykehjem
Grefsen-hjem-met
Grefsen vid.
Disen
GREFSEN
LOFTHUS
NYDALEN
SANDAKER
BJØLSEN
Grefsen
Åsen
Nordre Åsen
DISEN
Haraldsheim vandrerhjem
Museumlunden
Storoveien
Trondheimsveien
Aker sykehus
Høgskolen i Oslo sykepleierutd.
REFSTAD
Bjølsen Valsemølle
Sandaker vid.
Torshov kirke
Torshov-parken
Hegermanns pl.
LILLE-BORG
Torshov
Kulturhus
Torshovdalen
Sinsen
Statens ressurs- og voksenoppl. senter
SINSEN
Sinsen kirke
LØREN
Lilleborg sykehjem
Mailundveien
Fagerheimgata
Chr. Michelsens gate
Sagene bad
Dag Hammarskjölds vei
Akerselva
Maridalsveien
Kjelsåsveien
Grefsenveien
Grefsenkollveien
Kapellveien
Lofthusveien
Sandakerveien
Nydalsveien
Vitaminveien
Tuneln
Rosenhoff

113

Vestre Gravlund
A
B
Slekten
Colosseum senter
Sørkedalsveien
Slemdalsveien
Monolittveien
Frognerparken
Middelthuns gate
NVE
Colosseum-klinikken
Charles Chaplin
Colosseum Park
168
Majorstuen
NHO
Essendrops gate
Majorstua skole
Holberg
Fabrikkgata
Hjulet
Soluret
Monolitten
Skøytemuseet
MAJORSTUA
Majorstuveien
Oscar Mathisen
Fontenen
dammene
Frognerbadet
Frogner stadion
Maries gate
Sonia Henie
Sinnataggen
Vigelandsparken
Frogner-
Gustav Vigeland
Overraskelsen
Mathia Anker
Professor Dahls gate
Jacob Aalls gate
Elsters gate
Neuberggata
Fuglehauggata
Amaldus Nielsen
Madserud allé
Oslo Bymuseum
Abraham Lincoln
Kirkeveien
Munthes gate
Inst. for samfunnsforskning
A. Nielsens plass
Gerhard Gade
RING 2
Gyldenløves gate
BRISKEBY
Briskebyveien
Langaards gate
Frognerelva
Vigeland-museet
Frogner plass
Sigyns gate
Schies gate
Halvdan Svartes gate
Villa Bryde
Solheimgata
Nobels gate
Frognerterrasse
Lindemans gate
Nordraaks
Tidemands gate
Johan Borgens barndomshjem
Arno Bergs plass
Zahlkasserer Schafts plass
Hafrsfjordgata
Solheimløkken
Schafteløkken
Mørch
Magnus Bergs gate
Frognerveien
Eckersbergs gate
Tors gate
Løvenskiolds gate
Eilert Sundts gate
Albin U
Kristinelundveien
Skjalgssons gate
Thomas Heftyes gate
Gimleveien
Odins gate
Heia
FROGNER
Amtmann Furus plass
Haaken
BYDEL FROGNER
Olav Kyrres plass
Bygdøy allé
Elisenbergveien
Bjørknes skole
Frogner allé
Kruses gate
Gyldenløves gate
Gude
Erlings gate
Balchens gate
Frederik Stangs gate
Balders gate
Magnus Barfots gate
Hafrsfjordgata
Hjørungavåggata
Testrups gate
Frogner kirke
Vestheimgata
Gabels gate
Kjeldaas
Haxthausens gate
Nøisomhed
C. A. Pihls gate
Gimle terrasse
American Lutherian Church
Frognerveien
Frogner Atrium
Nobels gate
Gange-Rolvs gate
Frøyas Have
Fritzners gate
Sophus Lies gate
Stangs gate
Mogens Thorsens gate
GIMLE
Arco
Bygdøy allé
Skarpsnoklinikken
Skarpsnoparken
Tostrup terrasse
Thomas Heftyes gate
Røne Kors klinikk
Haxthausen gate
Frederik Stangs gate
Juels gate
Hydroparken
Mogens Thorsens park
Drammensveien
Niels Juels gate
det Norske vitenskaps Akademi
Gabels gate
Nyborgs
Skillebekk
Observatoriegata
200 m
219 yd
E 18
Leiv Erikssons gate
Bjørn Farmanns gate
Gabels gate
Skillebekk
Terningbekk
Framnesveien
Munkedamsveien
Svoldergata
SKILLEBEKK
Frognerkilen
116
1
2
3
4
5
6

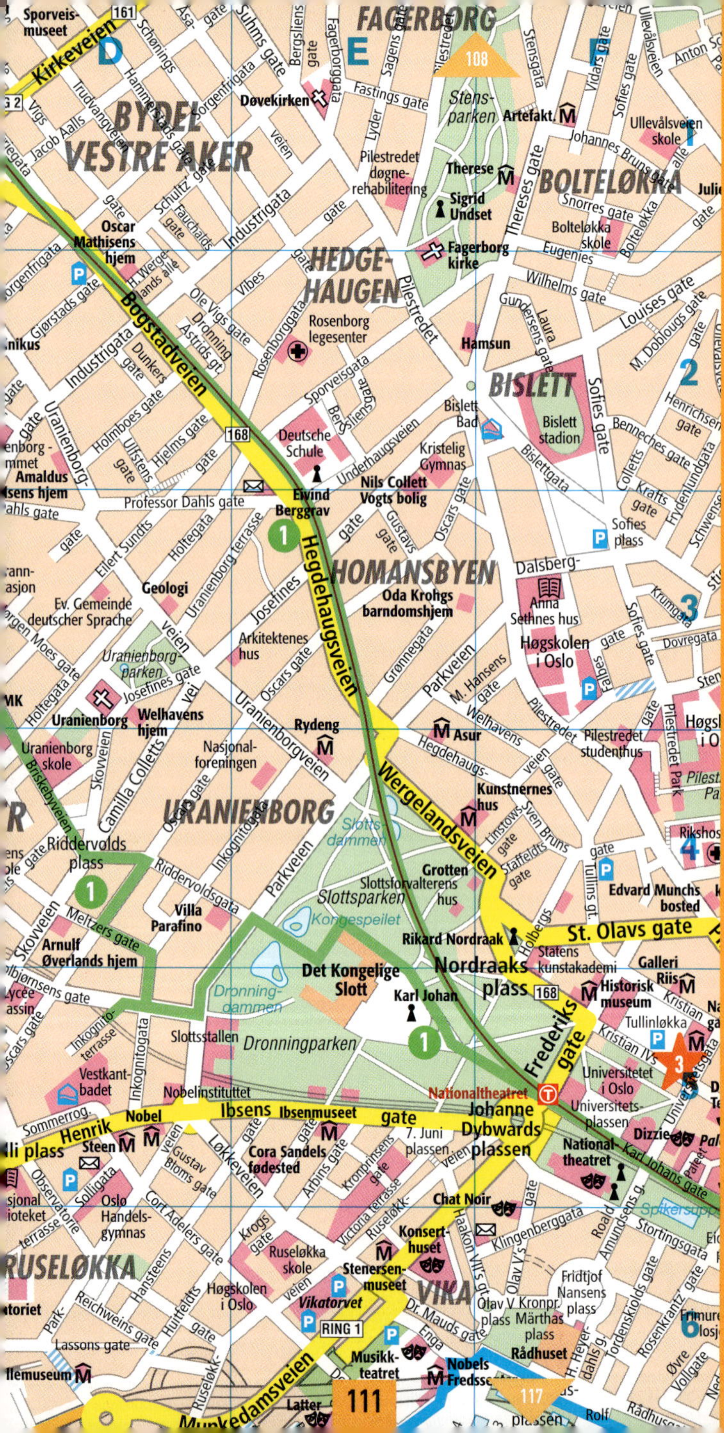

Sporveis-museet
161
Kirkeveien
D
E
F
FAGERBORG
108
Schønings gate
Åsa gate
Suhms gate
Bergsliens gate
Fagerborggata
Sagens gate
Pilestredet
Stensgata
Vidars gate
Sofies gate
Ullevålsveien
Anton Schjøths gate
Døvekirken
Fastings gate
Stens-parken
Artefakt.
Ullevålsveien skole
Hammerstads gate
Trudvangveien
Jacob Aalls gate
Vigs gate
Thorvald Meyers gate
BYDEL VESTRE AKER
Industrigata
Lyder Sagens gate
Pilestredet døgne-rehabilitering
Therese
Johannes Bruns gate
BOLTELØKKA
Julie
Sigrid Undset
Theresesgate
Snorres gate
Schultz' gate
Fauchalds gate
Oscar Mathisens hjem
HEDGE-HAUGEN
Fagerborg kirke
Boltelløkka skole
Eugenies gate
Bolteløkka alle
Jørgen Moes gate
Gjørstads gate
H. Wergelands alle
Vibes gate
Wilhelms gate
Louises gate
Bogstadveien
Ole Vigs gate
Dronning Astrids gt.
Rosenborggata
Rosenborg legesenter
Pilestredet
Gundersens gate
Laura
M. Dobloug gate
Hamsun
Industrigata
Dunkers gate
BISLETT
2
Uranienborg gate
Holmboes gate
Ulfstens gate
Hjelms gate
Sporveisgata
Bergsliens gate
Bislett Bad
Bislett stadion
Sofies gate
Henrichsens gate
Benneches gate
Amaldus Nielsens hjem
168
Deutsche Schule
Underhaugsveien
Kristelig Gymnas
Bislettgata
Colletts gate
Krafts gate
Frydenlundgata
Professor Dahls gate
Eiwind Berggrav
Nils Collett Vogts bolig
Oscars gate
Gustavs gate
Sofies plass
Schwensens gate
Holtegata
Eilert Sundts gate
Uranienborg terrasse
Heggehaugsveien
1
HOMANSBYEN
Dalsberg-stien
Geologi
Oda Krohgs barndomshjem
Anna Sethnes hus
Krumgata
3
Ev. Gemeinde deutscher Sprache
Josefines gate
Arkitektenes hus
Grønnegata
Parkveien
M. Hansens gate
Høgskolen i Oslo
Falbes gate
Sofies gate
Dovregata
Uranienborg-parken
Josefines gate
Oscars gate
Welhavens gate
Pilestredet
Høgskolen i Oslo
Uranienborg
Welhavens hjem
Rydeng
Asur
Pilestredet studenthus
Uranienborg skole
Skovveien
Camilla Colletts vei
Nasjonal-foreningen
Uranienborgveien
Hegdehaugsveien
Kunstnernes hus
Pilestredet Park
URANIENBORG
Briskebyveien
Riddervolds plass
Inkognitogata
Wergelandsveien
Slottsdammen
Linstows gate
Sven Bruns gate
Staffeldts gate
Tullins gt.
Rikshospitalet
4
Riddervoldsgata
Parkveien
Grotten
Slottsforvalterens hus
Edvard Munchs bosted
Villa Parafino
Slottsparken
Kongespeilet
Holbergs gate
St. Olavs gate
Meltzers gate
Skovveien
Arnulf Øverlands hjem
Rikard Nordraak
Statens kunstakademi
Galleri Riis
Nordraaks plass
Det Kongelige Slott
Historisk museum
Kristian Augusts gate
Bjørnsens gate
Lycée
Dronning-dammen
Karl Johan
168
Tullinløkka
Oscars gate
Inkognito-terrasse
Inkognitogata
Slottsstallen
Dronningparken
Frederiks gate
Kristian IVs gate
Universitetet i Oslo
Vestkant-badet
Nobelinstituttet
Nationaltheatret
Universitets-plassen
Universitetsgata
Sommerrog.
Nobel
Ibsens
Ibsenmuseet
gate
Johanne Dybwads plassen
Henrik
Steen
Gustav Bloms gate
Løkkeveien
Cora Sandels fødested
Arbins gate
Kronprinsens gate
7. Juni plassen
Dizzie
National-theatret
Karl Johans gate
Observatorie terrasse
Solligata
Oslo Handels-gymnas
Cort Adelers gate
Victoria terrasse
Ruseløkkveien
Chat Noir
Haakon VIIs gate
Klingenberggata
Roald Amundsens g.
Spikersuppa
Stortingsgata
Krogs gate
Ruseløkka skole
Konsert-huset
Stenersen-museet
Olav V's gate
Fridtjof Nansens plass
RUSELØKKA
Hansteens gate
Høgskolen i Oslo
VIKA
Olav V Kronpr. Mærthas plass
Tordenskiolds gate
Rosenkrantz' gate
Reichweins gate
Huitfeldts gate
Vikatorvet
Dr. Mauds gate
Enga
6
RING 1
Lassons gate
Musikk-teatret
Rådhuset
Øvre Vollgate
Ruseløkkveien
Munkedamsveien
Nobels Fredssenter
H. Heyerdahls g.
Latter
111
117
Rolf
Rådhusgata

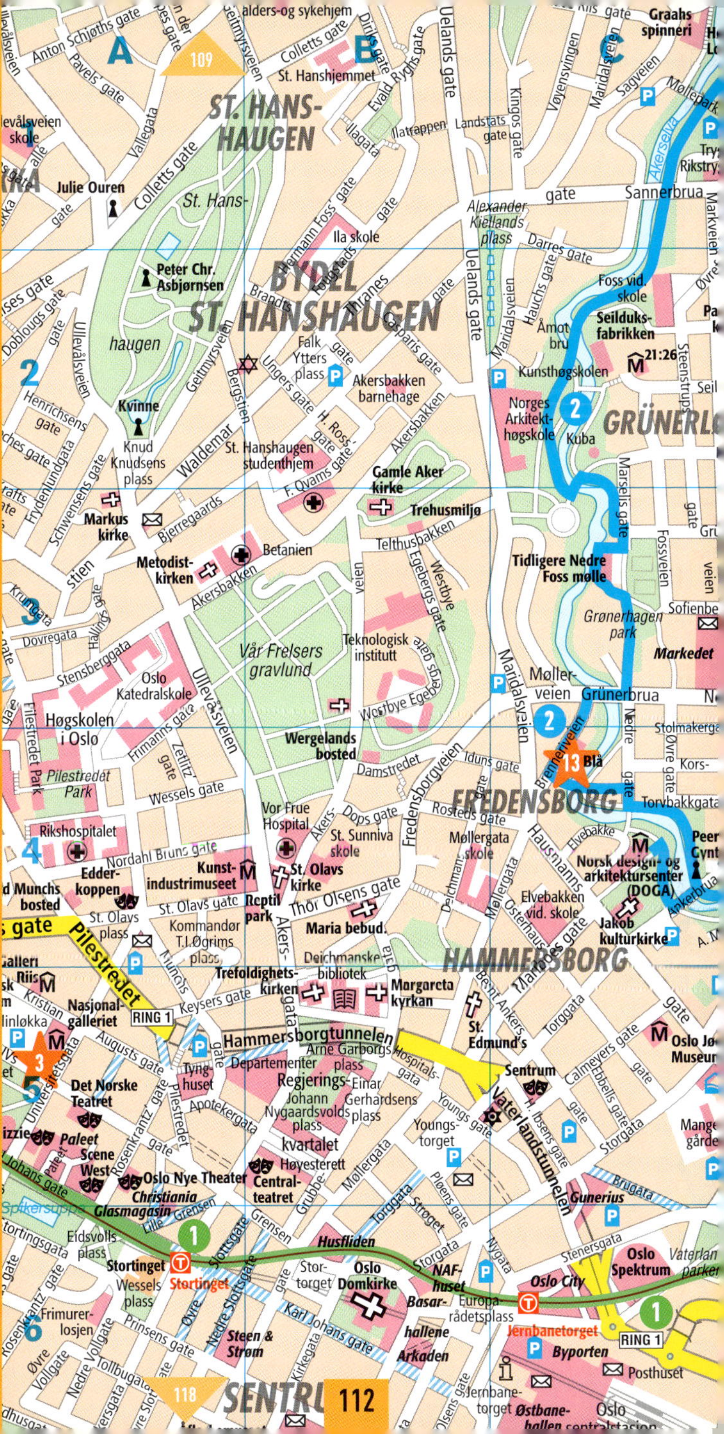
A
B
C
1
2
3
4
5
6
ST. HANS-HAUGEN
St. Hans-haugen
BYDEL ST. HANSHAUGEN
GRÜNERLØKKA
FREDENSBORG
HAMMERSBORG
SENTRUM
Anton Schiøths gate
Pavels' gate
Colletts gate
St. Hanshjemmet
Dirikes gate
Eventyr Ryghs gate
Uelands gate
Vøyensvingen
Maridalsveien
Sagveien
Graahs spinneri
Møllerparken
Akerselva
Ullevålsveien skole
Vallegata
Julie Ouren
Ilatrappen
Landstads gate
Kingos gate
Alexander Kiellands plass
Sannerbrua
Markveien
Ila skole
Hermann Foss' gate
Fougstads gate
Thranes gate
Darres gate
Hauchs gate
Foss vid. skole
Seilduks-fabrikken
Åmot bru
Peter Chr. Asbjørnsen
Brandts gate
Falk Ytters plass
Akersbakken barnehage
Kunsthøgskolen
21:26
Steenstrups gate
Doblougs gate
Ullevålsveien
Geitmyrsveien
Bergstien
Ungers gate
Henrichsens gate
Kvinne
Knud Knudsens plass
Waldemar Thranes gate
St. Hanshaugen studenthjem
H. Ross' gate
F. Qvams gate
Norges Arkitekt-høgskole
Kuba
Frydenlundgata
Schwensens gate
Markus kirke
Bjerregaards gate
Gamle Aker kirke
Trehusmiljø
Marselis gate
Fossveien
Metodist-kirken
Betanien
Akersbakken
Telthusbakken
Egebergs gate
Westbye
Tidligere Nedre Foss mølle
Grønerhagen park
Sofienberg
Markedet
Krumgata
Dovregata
Hallings gate
Stensberggata
Oslo Katedralskole
Vår Frelsers gravlund
Teknologisk institutt
Maridalsveien
Møllerveien
Grünerbrua
Høgskolen i Oslo
Frimanns gate
Zetlitz' gate
Westbye Egebergs gate
Wergelands bosted
Damstredet
Fredensborgveien
Iduns gate
Brenneriveien
13 Blå
Nedre gate
Stolmakergata
Øvre gate
Torvbakkgata
Pilestredet Park
Wessels gate
Vor Frue Hospital
Dops gate
St. Sunniva skole
Rosteds gate
Møllergata skole
Hausmanns gate
Elvebakken
Rikshospitalet
Nordahl Bruns gate
Kunst-industrimuseet
St. Olavs kirke
Norsk design- og arkitektursenter (DOGA)
Munchs bosted
Edder-koppen
St. Olavs gate
Reptil park
Thor Olsens gate
Deichmans gate
Elvebakken vid. skole
Jakob kulturkirke
Ankerbrua
St. Olavs plass
Kommandør T.I.Øgrims plass
Maria bebud.
Pilestredet
Deichmanske bibliotek
Galleri Riis
Munchs gate
Trefoldighets-kirken
Margareta kyrkan
Bernt Ankers gate
Kristian IVs gate
Nasjonal-galleriet
Keysers gate
RING 1
St. Edmund's
Torggata
Oslo Jødiske Museum
Hammersborgtunnelen
Arne Garborgs plass
Sentrum
Calmeyers gate
Augusts gate
Tyg-huset
Departementer
Regjerings-kvartalet
Einar Gerhardsens plass
Universitetsgata
Det Norske Teatret
Apotekergata
Johann Nygaardsvolds plass
Youngs-torget
Youngs gate
Vaterlandstunnelen
H. Ibsens gate
Storgata
Mange-gården
Paleet
Scene West
Rosenkrantz' gate
Oslo Nye Theater
Central-teatret
Høyesterett
Møllergata
Brugata
Karl Johans gate
Spikersuppa
Christiania Glasmagasin
Lille Grensen
Gunerius
Eidsvolls plass
Grensen
Husfliden
Torggata
Stortingsgata
Stortinget
Wessels plass
Stortorget
Oslo Domkirke
NAF-huset
Stenersgata
Oslo Spektrum
Vaterland parken
Oslo City
Basar-hallene
Europa-rådetsplass
Frimurer-losjen
Prinsens gate
Nedre Slottsgate
Øvre Slottsgate
Steen & Strøm
Kirkegata
Arkaden
Jernbanetorget
Byporten
Posthuset
Øvre Vollgate
Nedre Vollgate
Tollbugata
Jernbane-torget
Østbane-hallen
Oslo sentralstasjon
1
2

109
118

BYDEL SAGENE
109
ROSENHOFF
DÆLENENGA
Bryggeri-museum
Salem-kirken
Vennelyst barnehage
Einar Tambarskjelves plass
Chr. Michelsens gate
Trondheimsveien
Rosenhoffgata
Konghellegata
Nanna/Agnes Fleischer
Victor Bülow-Hannsen
Kronprinsesse Märthas inst.
Sophies Minde
RING 2
Carl Berner senter
Carl Berners plass
Carl Berners plass
Grenseveien
Frydens gate
Sannergata
Hesselbergs gate
Thorvald Meyers gate
Toftes gate
Christies gate
Romsdalsgata
Falsens gate
Valdres gate
Black Box
Ishall
Dælenenga idrettsplass
F. Haslunds Grünerløkka Nissens
Paulus plass
Birkelunden
„Integrasjon" Johan Throne Holst plass
Freiaparken
Københavngata
Marstrandgata
Malmøgata
Stockholmgata
Dælenenggata
RODELØKKA
Hammerfestgata
Bodøgata
Solhauggata
Langgata
Fjellgata
Göteborggata
Verksgata
Rodes plass
Tromsøgata
Snippen
Karlstadgata
Helgesens gate
Teglverksgata
BYDEL GRÜNERLØKKA
Sofienbergparken
Mosaik gravlund
Sofienberg kirke
Sofienbergparken barnehage
Sofienbergsenteret
Sofienberg skole
Sofienberggata
Sars gate
Finnmarkgata
Telavåggata
Monrads gate
Ola Narr
Munchs 1882-89
Schæffers gate
Sjokoladehuset
Schous plass
SOFIENBERG
Rathkes gate
Sverdrups gate
Kirkegårdsgata
Conradis gate
Skjolderups gate
Zoologisk museum
Paleontologisk museum
Geologisk museum
Naturhistorisk Museum
Botanisk museum
Lakkegata skole
Norges Markedshøgskole
Herslebs gate
Tøyenbadet
200 m
219 yd
Botanisk hage
Tøyen hovedgård
Årstidene
Palmehuset
Victoriahuset
Munchmuseet
Lakkegata
Hersleb skole
Heimdalsgata
Wexels plass
Slåmotgangen
Vahls gate
Rudolf Nilsens plass
Rudolf Nilsen
Vahl skole
Jens Bjelkes gate
TØYEN
Tøyengata
Hagegata
Tøyen skole
Tøyen
Ringgata
Økernveien
Hausmanns bru
Krohgs gate
Akerselva
Motzfeldts gate
Tøyenkirken
Gråbeingård
Urtehagen
Friis gate
Sørli plass
Sørli Lekepark
Kolstadgata
Breigata
Goethe-institut
Internasjonal Kultursenter og Museum
Grønland
Grønland
Grønlands torg
Smalgangen
Bussterminalen
Grønlandsleiret
St. Hallvard
ENERHAUGEN
Oslo Brannmuseum
Enerhaugplassen
Islamic Cultural Center
Det åpne teatret
Grønland kirke
Åkebergveien
Borggata
Gunhilds gate
Jens Bjelkes gate
Skules gate
Hertug
Sommerfrydhagen
Kjølberggata
Hagegata
Nannestadgata
Brinken
Norderhovgata
113
119
161
4

A
B
C
1
2
3
4
5
6
Hengsenveien
Bygdøy kongsgård
Bygdøyveien
Christian Frederiks vei
Kaffeskjær
Bygdøy
Holsts vei
Strømsborgveien
Bygdøy
BYGDØY
Bygdøy terrasse
Lovisenlund
Jacob Fayes vei
Frølichs vei
Rideveien
Conrad Hensens vei
Dorthes vei
Lunds vei
Christian August
Paradisbukta
Frederiksborg
Graanbakken
Villa Grande
Holocaust-senteret
Huk grenda
Grandeveien
P.T. M
Dammanns vei
Schiøtts vei
Naturreservat Hukodden
Henry Moore
200 m
219 yd
Hukodden

D
E
F
1
2
3
4
5
6
110
det Norske vitenskaps Akademi
E 18
BYDEL FROGNER
Frognerkilen
Oscarshall slott
Oscarshall
Oscarshallveien
Lahellemoloen
Kongen
Dronningen
stavkirke
Dronninghavnveien
Langviksveien
Mellbyedalen
Norsk
Huk terrasse
Huk aveny
Christian Benneches vei
Rådhusbrygga
Vikingskipshuset
15
Anne Stine Helge Ingstad
Fredriksborgveien
Langviksbukta
Roald Amundsen
Rådhusbrygga
Kon-Tiki museet
Krigsseiler-monument
Frammuseet
Løchenveien
Bygdøynesveien
Norsk Sjøfarts-museum
BYGDØYNES
Admiral Børresens veien
Herbern-veien
Sjømans-kirken
Theodor Løvstads vei
P.T. Mallings vei
Harald Rømckes vei
Lille Herbern
Bygdøylund
Store Herbern
Dyna fyr
Galte

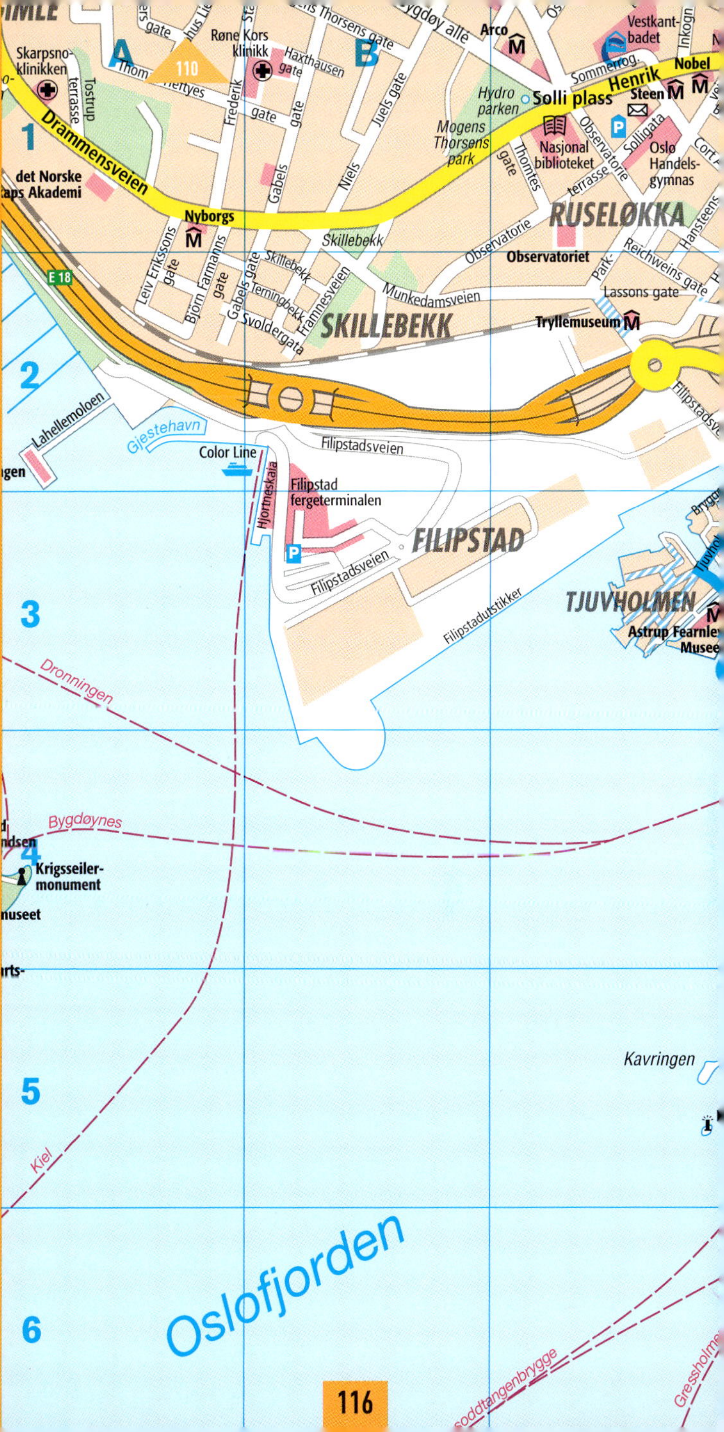
Skarpsno-klinikken
Tostrup terrasse
Drammensveien
det Norske
Taps Akademi
Røne Kors klinikk
Haxthausen gate
Thomas Heftyes gate
Frederik Stangs gate
Gabels gate
Thorsens gate
Bygdøy allé
Juels gate
Niels Juels gate
Arco
Vestkant-badet
Sommerrog.
Henrik Ibsens
Nobel
Solli plass
Steen
Hydro parken
Mogens Thorsens park
Nasjonal biblioteket
Observatorie terrasse
Solligata
Oslo Handels-gymnas
Thomtes gate
RUSELØKKA
Observatorie
Observatoriet
Park-
Reichweins gate
Hansteens
Nyborgs
Leiv Erikssons gate
Bjørn Farmanns gate
Skillebekk
Terningbekk
Svoldergata
Framnesveien
Munkedamsveien
Lassons gate
SKILLEBEKK
Tryllemuseum
E 18
Lahellemoloen
Gjestehavn
Color Line
Filipstadsveien
Hjortneskaia
Filipstad fergeterminalen
FILIPSTAD
Filipstadsveien
Filipstadutstikker
TJUVHOLMEN
Astrup Fearnley Museet
Dronningen
Bygdøynes
Krigsseiler-monument
museet
Kavringen
Kiel
Oslofjorden
Nesoddtangenbrygge
Gressholmen
A
B
1
2
3
4
5
6
110

Nationaltheatret
Universitetet i Oslo
Det Norske Teatret
huset
111
Ibsens gate
Ibsenmuseet
Johanne Dybwards plassen
7. Juni plassen
Universitets-plassen
Apotekergata
Pilestredet
Løkkeveien
Cora Sandels fødested
Arbins gate
Kronprinsens gate
National-theatret
Karl Johans gate
Dizzie
Paleet
Scene West
Rosenkrantz gate
Oslo Nye Theater
Christiania Glasmagasin
Lille Grensen
Grensen
Victoria terrasse
Ruseløkk-veien
Chat Noir
Haakon VIIs gt.
Klingenberggata
Olav V's gate
Roald Amundsens g.
Spikersuppa
Stortingsgata
Eidsvolls plass
Krogs gate
Ruseløkka skole
Konsert-huset
Stenersen-museet
Stortinget
Wessels plass
Øvre Slottsgate
Nedre Slottsgate
Høgskolen i Oslo
Vikatorvet
VIKA
RING 1
Fridtjof Nansens plass
Tordenskiolds gate
Frimurer-losjen
Prinsens gate
Olav V Kronpr. Märthas plass
Dr. Mauds gate
Enga
Rådhuset
H. Heyer-dahls g.
Øvre Vollgate
Nedre Vollgate
Tollbugata
Steen & Strøm
Musikk-teatret
Nobels Fredssenter
Rådhus-plassen
Rådhusgata
SENT
Munkedamsveien
Dokkveien
Latter
Grundingen
Rolf Strangers plass
Akersgata
Øvre Slottsgate
Åflaskemuseet (Mini Bottle Gallery)
Filipstad Brygge
Sjøgata
Holmens gate
Bryggegata
Rådhusbrygge 4
Rådhusbrygge 3
Honnørbrygga
Rådhusbrygge 2
Rådhusbrygge 1
Festnings-
Kontraskjæret
Christiania torv
Kongens gate
Christiania bymodell
Teatermuseet
Gamle Raadhus
Arkitekturmuseet
Tingvallakaia
Fjordalléen
Beddingen
Stranden
AKER BRYGGE
Akershuskai, nordre
Pipervika
Skarpenorts kruttårn
Mynt-
Museet for samtidskunst
Revierstredet
Havnepolitiet
Hjemme-frontmuseet
tunnelen
Fengsels-museet
Grev Wedels plass
Akershus-utstikker
Akersstranda
Akershus festning
Knutstårnet
Fengsels-kirken
Kirkegata
Glacisgata
Gamle Logen
Militær-hospital
Oslo Cruise Terminal
Akershus slott
Akershuskai, søndre
Nasjonal-monumentet
Munke-tårnet
Kongens gate
Festnings-plassen
Arsenalet
Akershusstranda
Otto Ruge
Forsvars-museet
200 m
219 yd
Vippetangkaia
Fiskehallen
Utstikker 3
Utstikker 2
ngen fyr
Lavettbygningen
Hovedøya
nonér
Ruin av cistercienserkloster
Bleykøya
117

Det Norske Teatret
Paleet
Scene West
Oslo Nye Theater
Christiania Glasmagasin
Regjerings-kvartalet
Johann Nygaardsvolds plass
Einar Gerhardsens plass
Høyesterett
Central-teatret
112
A
B
C
Youngs-torget
Youngs gate
Vaterlandstunnelen
H. Ibsens gate
Sentrum
Persisk bad
Mangels-gården
Storgata
Brugata
Gunerius
Christian Krohgs gate
Vaterland bru
Møllergata
Torggata
Strøget
Pløens gate
Grensen
Lille Grensen
Rosenkrantz' gate
Pilestredet
Grubbegata
Eidsvolls plass
Stortinget
Wessels plass
Husfliden
Stor-torget
Oslo Domkirke
NAF-huset
Basar-hallene
Arkaden
Nygata
Stenersgata
Oslo City
Oslo Spektrum
Vaterlandsparken
Europa-rådetsplass
Jernbanetorget
Byporten
RING 1
Posthuset
Øvre Slottsgate
Nedre Slottsgate
Karl Johans gate
Kirkegata
Steen & Strøm
Prinsens gate
Nedre Vollgate
Tollbugata
Akersgata
murer-losjen
SENTRUM
Åflaskemuseet (Mini Bottle Gallery)
Hoved-postkontor
Dronningens gate
Skippergata
Olsens gate
Jernbane-torget
Østbane-hallen
Oslo sentralstasjon
Christiania torv
Christian Frederiks plass
Kongens gate
Statholder-gaarden
Film-museet
Toll-museet
Gamle Raadhus
Arkitekturmuseet
Rådhusgata
Børsen
Dronning Eufemias gate
Museet for samtidskunst
Mynt-
Fengsels-museet
Revierstredet
Grev Wedels plass
Fred.
Operagata
Den Norske Opera & Ballett
Havnelageret
Fengsels-kirken
Glacisgata
Gamle Logen
Militær-hospitalet
Langkaigata
Nordic Black Theatre
7
BJØRVIKA
Nylandsveien
Tomtekaia
Paulsenkaia
E 18
Operatunnelen
Bjørvika
Nasjonal-monumentet
Festnings-plassen
Kongens gate
Akershusstranda
Arsenalet
Forsvars-museet
Bispevika
DFDS, Stena Line
Vippetangkaia
Utstikker 2
Utstikker 3
Fiskehallen
Sørengutstikkeren
Sørengkaia
Kongshavnveien
Grønlikaia
Lohavn
Hovedøya
Fredrikshavn, Kopenhagen
200 m
219 yd
Mosseveien
Kongsveien
Grønilutstikker
Kongshavneveien
Ekebergkaia
Helferd
Helleristning
Bleykøya
1
2
4
5
6

D
E
F
1
2
3
4
5
6
TØYEN
ENERHAUGEN
GRØNLAND
BYDEL GAMLE OSLO
GAMLEBYEN
BYDEL NORDSTRAND
EKEBERG
Nilsen
hage
Urte-
Nordby-
Motzfeldts gate
Heimdalsgata
Friis gate
Urte-hagen
bekken
Breigata
Goethe-institut
Grønland
Tøyen-kirken
Gråbein-gård
Tøyengata
Hagegata
Schubelers gate
Sexes gate
Monra
Ringgata
Tøyen skole
Økernveien
Kampen park
Sonsgate
Brinken
Norderhov-gata
Skedsmo-gata
Internasjonal Kultursenter og Museum
Sørligata
Smedgata
Sørli plass
Sørli Lekepark
Kolstadgata
Hertug Skules gate
Jens Bjelkes gate
St. Hallvard
Grønlandsleiret
Grønlands torg
Islamic Cultural Center
Tøyen-gata
Oslo Brannmuseum
Enerhaug-plassen
Borggata
Gunhilds gate
Eiriks gate
Sigurds gate
Sommer-frydhagen
Kjølberggata
Hagegata
Nannestadgata
Ullensaker-gata
Åkebergveien
Det åpne teatret
Platous gate
Grønland kirke
Politihuset
Sverres gate
Håkons gate
Schweigaards gate
Hollendergata
Grønlands park
Willy Brandts bosted i 1930-åra
Oslo fengsel
Brinken
Normannsgata
RING 1
Skulpturpark
Jarlegata
Klosterenga idrettsplass
Munke-gata
Oslo gate
Klostergata
Nonne-gata
Harald Hårdrådes plass
Vestfold-gata
Østfold-gata
RING 2
Jordal-gata
Rostockergata
gate
Bispegata
Korskirken
Arups gate
Minneparken (Ruinparken)
Egedes gate
Gamlebyen-skole
Olavsklosteret
St. Halvards gate
Kværnerveien
Hallvardskirken
Kong Håkon 5s gate
Middelalder-parken
Clemens' gate
Clemens' park
Halvards gate
Clemenskirken
Gamlebyen gravlund
Dyvekes vei
Kongsgården
Mariakirken
Oslo gate
Fransiskaner-klosteret
Oslo Hospital
Alnagata
Alnafet-gata
Konows gate
Ryenbergveien
Egnehjemveien
Ribbunggata
Ekebergveien
Mosseveien
Kongsveien
Oppegårdsgata
Svingen
E 6
Valhallveien
Brannfjellveien
Aspestien
Ekebergveien
Eikeveien
Operatunnelen
Gravhauger
Rohrts vei
Ekeberg-camping
Stamhus-veien
Jomfrubråtveien
Jernalderstien
Ekebergveien
Ekebergsletta
113
161
12
11
10

A
B
C
1
2
3
4
5
6
500 m
547 yd
Tryvannstua
Tryvann
Skomakertjern
Ringeriksflaka
460 m
Vestkleiva
Tryvannskleiva
Bomveien
Tårnbakken
Wyllerløypa
Hyttlibakken
BUL-hytta
Tryvannstårnet
Tryvannshøgda
529 m
Rødkleiva
Schrøderbakken
Tommkleiva
Tryvannsveien
Strømsdammen
Rødkleivfaret
Holmenkollbanen
Lillevann
Voksen-
kollen
Øvreseter-
veien
Øvresetertjern
Frognerseteren
Voksenkollveien
Frognerseteren
VOKSENSKOG
Lillevannsveien
Voksenåsen
500 m
Ullveien
Seterbakken
Skogen
Voksenkollveien
Thorleif Haugs vei
Holmenkollveien
Arnulf Øverlands vei
HOLMENKOLLÅSEN
Styggedalen
Frognerseterveien
Orreveien
Terpevaret
Orrebakken
Asbrekka
Thorleif Haugs vei
Voksenkollveien
Grindbakken
VOKSENLIA
Gjøkbakken
Hospits-
Voksenlia
Voksenliveien
Svarttrostveien
Måltrostveien
Røslyng-Skaret
veien
Skimuseet
Kongeveien
Holmenkollen
kapell
"Gamle Akebakken"
Holmen-
koll-
veien
Besserud-
tjernet
Midtstubakken
Nye Holmen-
kollen Fyr
Holmenkoll-
bakken
Harestien
Lillevannsveien
Trostefaret
Oberst Angells vei
Bogstad
camping
Olaf Bulls vei
Sørkedalsveien
Wildenveybakken
Nils Collett Vogts
Aslaug Vaas veg
Ankerveien
Peder Ankers
plass
Taxi
Troll
Midtstuen
Dr. Holms vei
Midtstugrenda
Holmenkollen
VOKSEN
Olaf Aukrusts
vei
Måltrost-
veien
Setra vei
Ryghs vei
Besserud
Ankerveien
Dagaliveien
Voksen kirke
Ankerveien
Krags terrasse
120
14
9
1

D
E
F
1
2
3
4
5
6
10 km
6.2 mi
Lunner
Roa
Klinkenberg
Surka
Mari Fjellet
720
Sandsnes
Maura
Teigebyen
Gardermoen
Åsgreina
Løken
Hallingby
Vang
Grua
Jevnaker
Harestua
589
(143)
Sokna
Ringerike
Hen
Viul
Kvernvollen
Grønknuten
680
Granavollen
Hønefoss
Færden
Ringkollen
702
Øyangen
Holoa
Norderhov
Holleia
Kløftefoss
Tyristrand
Steinsåsen
Onsaker
Lovlia
Oppkuven
704
Hakadal
Nittelva
Tøyenhaugen
Åneby
Rotnes
Ask
Gjerdrum
Vesetrud
Nordfjorden
Steinsfj.
(65)
Sundvollen
Kikutstua
Bøsnes
Kleivstua
484
Krokkleiva
Tyrifjorden
Utøya
Holsfjorden
Oslo
Kobberhaughytta
Tryvanns Høgda
529
Movatn
Slattum
Skedsmokorset
Åsmandrud
Gulsrud
Breiliflaka
702
Hornstua
(341)
Sollihøgda
Guriby
Sørkedalen
Holmenkollen
Hoppbakke
Lillestrøm
Modum
Vikersund
Hovseter
OSLO
Lørenskog
Akrene
Bærum
Sandvika
Geithus
Sponevollen
Åmot
Finnemarka
Lysaker
Høvik
Fornebu
Romeriksporten
14580m
Oppsal
398
Sylling
Veslesetra
Nordstrand
Losby
Kotsely
Knive
659
Bordvika
Sjåstad
Rustan
Nesbru
Lian
Nesoddtangen
Bunnefjorden
Tranby
Asker
Lier
Drammenselva
Lierbyen
Lierskogen
Dikemark
Fjellstrand
216
Siggerud
Drammen
Heggedal
Slemmestad
Nesodden
Oppegård
Nøstvettunnelen
Solbergelva
Reistad
Nærsnes
Krokstadelva
Spikkestad
Fagerstrand
Langhus
Gjetsjø
Steinberg
Mjøndalen
Røyken
Båtstø
To-Grenda
Ski
Ytre
Herregard
Darbu
Sirikirke
635
Konnerud
Hyggen
356
Åros
Oslofjord-tunnelen
Frogn
Heer
Kråkstad
300
Hallerud
Gunhildrud
Tørrbekk
Bygdeborg
Tangen
Sætre
Ås
Tomter
Bygdeborg
Eikeren
Klevjerhagen
Skoger
Drammensfjorden
Drøbak
396
Svelvik
Klokkarstua
Elvestad
Spydeberg
Hobøl
Skiberg Fjellet
632
Eidsfoss
Herstad
Sande
Selvik
Verket
Hvitsten
Vestby
Stua
Holmsbu
Hurum
Filtvet
Skjelfoss
Berger
Rødtangen
Tofte
Hølen
Trollerudåsen
Gran
Hof
Sundbyfoss
Hillestad
Gullhaug
Son
Mørk
222
Lågen
Hvittingfoss
Holmestrand
-Store Brevik
Ås
Våler
Kambo
Våk
Lunder
Jeløy
Øvås
Svarstad
Vivestad
Våle
Nykirke
Horten
Moss
Ros
Svinndal
Vansjø
206
Brånå Fjellet
399
Skoppum
Fossan
Moa
Borre
Værne Kloster
Fuglevik
Rygge
Missingmyr
Stang
Råde
RYG
Karlshus
Åsgårdstrand
Nes
Larkollen
Vestfold
Steinsholt
Andebu
Barkåker
Nauen
Skallevold
Spetalen
Skorgeelva
Tønsberg
Sem
Vear
Lervik
Tune
Hauge
Hvarn
Furustrand
Engelsviken
Prestbyen
Husøy
Geirastadir
235
Stokke
Melsomvik
Nøtterøy
Nesbryggen
Oterbekk
Oslofjorden
Vikane
114
Hankø Fjordhotel
Fredrikstad
Kvelde
Holmen
Torp
TRF
Kjøpmannskjær
Slevik
Øyenkilen
Kråkerøy
Holm
Eikenes
Vrengen
Sundet
Sandefjord
E16
E18
E06
E134
4
7
35
22
23
19
110
111
245
241
120
284
285
165
156
319
281
120
312
306
40
32
35
311
116
115
307
305
303
309
117
112
109
110
304
122
39
58
51
45
17
28
24
30
20
36
70
99

Das Register enthält eine Auswahl der im Cityatlas dargestellten Straßen und Plätze

1..9
7. Juni plassen **117/D-E1**

A
Admiral Børresens veien **115/E4**
Åkebergveien **119/D2-F3**
Akersbakken **112/A3-B2**
Akerselvkai østre **118/C3**
Akerselvkai vestre **118/C3-4**
Akersgata **117/F1-2**
Akershuskai, nordre **117/E2-3**
Akershuskai, søndre **117/E3**
Akershusstranda **117/E2-F3**
Akershusutstikker **117/E3**
Alnafetgata **119/E4**
Alnagata **119/E4**
Amtmann Furus plass **110/B4**
Apotekergata **117/F1**
Arbins gate **117/D1**
Arendalsgata **108/C5-109/D5**
Arne Garborgs plass **112/B5**
Arno Bergs plass **110/C3**
Arups gate **119/E3**

B
Balchens gate **110/B4**
Beddingen **117/D2**
Behren's gate **110/C5-111/D5**
Bentsebrugata **109/D5-6**
Bergensgata **109/D4-5**
Bernt Ankers gate **112/B-C5**
Biskop Heuchs vei **108/C4-109/D4**
Bislettgata **111/F2-3**
Bispegata **119/D3-E4**
Björn Farmanns gate **116/A1-2**
Bjørviksutsikkerenkaia **118/C3-4**
Blåsbortveien **108/C3-109/D3**
Blindernveien **108/A5-B6**
Bogstadveien **110/C1-111/E2**
Borgestadveien **108/B2-3**
Brannfjellveien **119/F5**
Briskebyveien **110/C3-111/D4**
Brugata **118/C1**
Bryggegangen **116/C2-3**
Bryggegata **117/D2**
Bygdønesveien **115/E-F4**
Bygdøy allé **116/B-C1**
Bygdøy kapellvei **114/C3-115/D3**
Bygdøy terrasse **114/C3-4**
Bygdøylund **115/D5**
Bygdøynesveien **115/D-E4**
Bygdøyveien **114/C1-2**

C
C. A. Pihls gate **110/A5**
Camilla Colletts vei **111/D3-4**
Carl Berners plass **113/F2**
Carl Grøndahls vei **108/C4**
Carl Kjelsens vei **108/B2-109/D2**
Chr. Michelsens gate **109/D6-113/E1-F2**
Christian Benneches vei **115/D-E3**
Christian Frederiks plass **118/B2**
Christian Frederiks vei **114/B5-C1**
Christian Krohgsgate **112/C6-113/D4**
Christiania torv **118/A2**
Christophers vei **108/C3**
Clemens' gate **119/D-E4**
Colbjørnsens gate **110/C4-111/D5**
Colletts gate **108/B6-C6-112/A1-B1**
Conrad Hemsens vei **114/C3-4**
Cort Adelers gate **116/C1-117/D2**

D
Dag Hammarskjölds vei **109/E5-F6**
Dalsbergstien **111/F3**
Dammanns vei **114/C5**
Darre Jenssens plass **108/C3**
Deichmans gate **112/B4**
Dokkveien **117/D2**
Dorthes vei **114/B4**
Dr. Mauds gate **117/D1-E2**
Drammensveien **116/A-B1**
Dronning Astrids gt. **111/D2**
Dronning Eufemias gate **118/B2-119/D3**
Dronninghavnveien **115/D-E2**
Dunkers gate **111/D2**
Dyvekes vei **119/E-F4**

E
Eckersbergs gate **110/A4-C3**
Eidsvolls plass **117/F1**
Eilert Sundts gate **110/C4-111/D2**
Einar Gerhardsens plass **112/B5**
Ekebergveien **119/E5-F6**
Elisenbergveien **110/B4**
Elvebakke **112/C4**
Enga **117/D-E2**
Erling Skjalgssons gate **110/A4-B3**
Essendrops gate **110/B-C1**
Europarådetsplass **118/B2**

F
F. Haslunds gate **113/D2**
Fabrikkgata **110/C1**
Fagerheimgata **109/D6**
Falk Ytters plass **112/B2**
Festningsplassen **117/F3-4**
Festningstunnelen **117/E2-F3**
Filipstad Brygge **116/C2-117/D2**
Filipstadsveien **116/C-D2**
Filipstadutstikker **116/B-C3**
Finnmarkgata **113/F2-5**
Fjordalléen **117/D2**
Framnesveien **116/B2**
Fredensborgveien **112/B4-C3**
Frederiks gate **111/F5**
Frederiksborgveien **114/B4-115/D3**
Fridtjof Nansens plass **117/E1-2**
Frogner allé **110/C4**
Frogner plass **110/B3**
Frognerveien **110/B3-111/D5**
Frølichs vei **114/A4-B3**
Frysjaveien **109/D2-E1**
Fuglehauggata **110/C2**

G
Gabels gate **116/A2-B1**
Gange-Rolvs gate **110/A5**
Gaustadallèen **108/A4-5**
Gimle terrasse **110/B5**
Gjørstads gate **111/D2**
Glacisgata **117/F3**
Graanbakken **114/C4**
Grefsenkollveien **109/F2-4**
Grefsenveien **109/D5-E1**
Grev Wedels plass **117/F3**
Griffenfeldts gt. **108/C6-109/D6**
Grønilutstikker **118/C6**
Grønland **119/D1**
Grønlands torg **119/D1-2**
Grønlandsleiret **119/D1-E3**
Grønnegata **111/E3**
Grundingen **117/D2**
Grünerbrua **112/C3**
Gunhilds gate **119/E2**
Gustav Bloms gate **116/C1**
Gustavs gate **111/E3**
Gyldenløves gate **110/B3-C4**

H
H. Heyerdahls g. **117/E2**
Haakon VII's gt. **117/E1**
Hafrsfjordgata **110/A3-5**
Hagegata **119/E1**
Halvards gate **119/E4**
Halvdan Svartes gate **110/A3**
Hammersborgtunnelen **112/A-B5**
Hammerstads gate **111/D-E1**
Hans Nielsen Hauges gate **109/D-E5**
Hansteens gate **116/C2-117/D1**
Harald Hårdrådes plass **119/E3**
Harald Rømckes vei **115/D5**
Hausmanns gate **112/C4-113/D5**
Hausmannsbru **119/D1**
Haxthausen gate **110/C4-5**
Hegdehaugsveien **111/E4-F3**
Hegdehaugsveien **111/E2-4**
Heimdalsgata **113/D4-5**
Helgesens gate **112/C2-113/F3**
Henrik Ibsens gate **116/B1-117/E1**
Herbernveien **115/E4**
Herslebs gate **113/D4-E5**
Hertug Skules gate **113/F6**
Hjalmar Jordans vei **114/C3-115/D4**
Hjelms gate **111/D2**
Hjortneskaia **116/B2-3**
Hjørungavåggata **110/A4**
Hollendergata **119/D-E2**
Holmboes gate **111/D2**
Holmens gate **117/D2**
Holsts vei **114/A1-C3**
Honnørbrygga **117/E2**
Hospitalsgata **112/B5**
Huitfeldts gate **116/C2-117/D1**
Huk aveny **114/D3-115/E3**
Huk grenda **114/B-C5**
Huk terrasse **115/E3**

I
Industrigata **111/D2-E1**
Inkognitogata **111/D5-E4**

J
Jacob Fayes vei **114/B4**
Jens Bjelkes gate **113/D4-E5**
Jernbanetorget **118/B2**
Johann Nygaardsvolds plass **112/B5**
Johanne Dybwards plassen **117/E1**
John Colletts allè **108/B5-C3**
Jørgen Moes gate **111/D3**
Josefines gate **111/D3-E2**
Jupitervn. **109/F3**

K
Kaj Munks vei **108/B-C3**
Kapellveien **109/E1-4**
Karl Johans gate **117/E-F1**
Kierschows gate **108/C5**
Kingos gate **112/C1**
Kirkegata **117/F2-4**
Kirkeveien **108/A6-C6-110/B3-111/D1**
Kjelsåsveien **109/D1-F3**
Kjølberggata **119/F1-3**
Klingenberggata **117/E1**
Klostergata **119/E3**
Knud Knudsens plass **112/A2**
Københavngata **113/D2-E1**
Kolstadgata **113/F5-6**
Kong Håkon 5s gate **119/D3-5**
Kongens gate **117/F1-4**
Kongleveien **108/B-C2**
Kongshavneveien **118/C6-119/D3**
Konows gate **119/E-F4**
Konsul Schjelderups vei

114/C5-115/D3
Konvallveien 108/B-C3
Kristinelundveien 110/A3-4
Krogs gate 117/D1
Kronpr. Märthas plass 117/E2
Kronprinsens gate 117/D1
Kruses gate 110/C4
Kværnerveien 119/F3-4

L
Lachmanns vei 109/D5-F1
Lakkegata 119/D1
Landstats gate 112/B-C1
Langaards gate 110/C3
Langkaia 118/B-C3
Langkaigata 118/A4-B2
Langviksveien 115/D2-4
Lassons gate 116/C2
Laura Gundersens gate 111/F2
Leiv Erikssons gate 116/A1-2
Lille Grensen 117/F1
Lindemans gate 110/B3
Linstows gate 111/F4
Løchenveien 115/E4
Lofthusveien 109/F4
Løkkeveien 117/D1
Louises gate 111/F2
Løvenskiolds gate 110/C4-111/D2
Lovisenlund 114/B3-4

M
M. Hansens gate 111/E-F3
Magnus Bergs gate 110/B3-4
Mailundveien 109/E6
Majorstuveien 110/C1-111/D2
Marc. Thranes gt. 109/D6
Mariboes gate 112/B5-C4
Maridalsveien 109/D1-D4-112/C3-C4
Marselis gate 112/C2-3
Mellbyedalen 115/D3-E2
Middelthuns gate 110/B1-C2
Midtoddveien 109/E-F1
Mogens Thorsens gate 110/B-C5
Møllergata 118/B1
Møllerveien 112/C3
Monolittveien 110/A1
Mosseveien 118/C6-119/E4
Munchs gate 112/A4-5
Munkedamsveien 116/B1-117/E2
Munthes gate 110/B2-C3
Myntgata 117/F3

N
Nedre Slottsgate 117/F1-3
Nedre Vollgate 117/F1-2
Neptunveien 109/E2
Niels Juels gate 116/B1
Nils Bays vei 108/B-C3
Nils Lauritssøns vei 108/B4-C3
Nissens gate 113/D2
Nonnegata 119/E-F3
Nordahl Bruns gate 112/A-B4
Nordbergveien 108/A2-C3
Nordbygata 119/D1-2
Nordraaks gate 110/B3-C2
Nordraaks plass 111/F5
Nordre gate 112/C3-113/D3
Nycoveien 109/E4
Nydalsveien 109/D3-4

O
Observatorie gate 116/C1-117/D2
Observatorie terrasse 116/B2-C1
Odins gate 110/B4-C3
Olav V plass 117/E1-2
Olav V's gate 117/E1
Ole Flaagers gate 110/C2-111/D2
Ole Vigs gate 111/D-E2
Operagata 118/B-C3
Operatunnelen 118/B3-119/F5
Oscars gate 111/D5-F2
Oscarshallveien 115/D-E2
Oslo gate 119/E3-4
Osterhaus' gate 112/C4-5
Østre tangent 118/C2-119/D2
Øvre gate 112/C3-4
Øvre Langåsvei 108/C1
Øvre Slottsgate 117/F1-2
Øvre Vollgate 117/E-F2

P
P.T. Mallings vei 114/C5-115/D4
Parkveien 111/D5-F3
Pastor Fangens vei 108/B-C4
Paulsenkaia 118/C3-4
Paulus' plass 113/D2
Peder Ankers vei 108/B2-C1
Pilestredet 111/E2-112/A4-A5
Pløens gate 118/B1
Prinsens gate 117/F2
Professor Dahls gate 110/C2-111/E3

R
Rådhusbrygge 1-4 117/E2
Rådhusgata 117/E-F2
Rådhusplassen 117/E2
Reichweins gate 116/C1-2
Revierstredet 117/F3
Ribbunggata 119/F4-5
Riddervolds plass 111/D4
Riddervoldsgata 111/D4
Rideveien 114/A2-B5
Roald Amundsens g. 117/E1
Rolf Strangers plass 117/E2
Rolf Wickstrøms vei 109/D3-E4
Rosenborggata 111/E1-2
Rosenkrantz' gate 117/E2-F1
Rosteds gate 112/B-C4
Rostockergata 119/D3
Ruseløkkveien 117/D2-E1

S
Sandakerveien 109/D5-E4
Sannerbrua 112/C1-113/D1
Sannergata 113/D-E1
Sars gate 113/E4-F3
Saturnveien 109/E2
Schiøtts vei 114/C5-6
Schleppegrells gate 112/C2-113/E2
Schous plass 113/D4
Schultz' gate 111/D2-E1
Schweigaards gate 118/C2-119/F3
Sinsenveien 109/F5-6
Sjøgata 117/D2
Skillebekk 116/B2
Skovveien 111/D4
Slåmotgangen 113/D5
Slemdalsveien 110/C1
Smalgangen 118/C2-119/D2
Sofienberggata 112/C3-113/E3
Sofies gate 111/F1-3
Sofies plass 111/F3
Sognsvannsveien 108/A1-4
Sognsveien 108/B2-3
Solheimgata 110/A3
Solli plass 116/C1
Solligata 116/C1
Sommerrog. 116/C1
Sophus Lies gate 110/B4-5
Sørengutstikkeren 118/B5-C4
Sorgenfrigata 111/D2-E1
Sørkedalsveien 110/C1
Sporveisgata 111/E-F2
St. Halvards gate 119/E4-F3
St. Olavs gate 111/F4
St. Olavs plass 112/A4
Staffeldts gate 111/F4
Stamhusveien 119/F6
Storgata 112/B6-113/D4
Storoveien 109/E4-5
Stortingsgata 117/E-F1
Stortorget 118/B1
Stranden 117/D3
Strøget 118/B1
Strømsborgveien 114/B5-C2
Suhms gate 108/A5-A6-111/E1
Sven Bruns gate 111/F4
Svoldergata 116/A-B2

T
Tåsentunnelen 108/B3-109/D3
Tåsenveien 108/C3-5
Terningbekk 116/B2
Theodor Løvstads vei 115/D4-5
Thereses gate 111/E2-F1
Thomas Heftyes gate 110/B3-C5
Thomtes gate 116/C1
Thor Olsens gate 112/B4
Thorvald Meyers gate 113/D1-4
Tingvallakaia 117/D2
Tjuvholmen allé 116/C3-117/D3
Toftes gate 113/D1-4
Tomtekaia 118/C3
Tordenskiolds gate 117/E1-2
Torggata 118/B1
Torgny Segersteds vei 108/A4-B3
Torvbakkgata 112/C4
Tostrup terrasse 116/A1
Tøyengata 119/D-E1
Treschows gate 109/D5
Trondheimsveien
109/E6-F5-113/D4-F2
Tullinløkka 111/F5
Tullins gt. 111/F4

U
Uelands 108/C6
Uelands gate 108/C4-C6-112/B1-C3
Ulfstens gate 111/D2
Ullevålsalléen 108/B4-5
Ullevålsveien 108/B6-112/A2-B4
Underhaugsveien 111/E2-3
Universitetsgata 117/E-F1
Universitetsplassen 117/E1
Uranienborgveien 111/D2-E4

V
Valhallveien 119/E-F5
Valkyriegata 110/C1-111/D1
Vaterlandsbru 118/C1
Vaterlandstunnelen 118/B-C1
Vibes gate 111/D2-E1
Victoria terrasse 117/D1
Vippetangkaia 117/F4
Vitaminveien 109/E4
Vogts gate 109/D5-6

W
Waldemar Thranes gate 112/A3-C1
Wergelandsveien 111/E-F4
Wessels plass 117/F1
Wilhelms gate 111/F2

Y
Youngs gate 112/B-C5

Z
Zahlkasserer Schafts plass 110/B3

KARTENLEGENDE

Museum

Stage / Bühne

Information

Church, chapel / Kirche, Kapelle

Synagogue / Synagoge

Mosque / Moschee

Hospital / Krankenhaus

Police / Polizei

Post

Library / Bibliothek

Monument / Denkmal

Ruin / Ruine

Lighthouse / Leuchtturm

Tenniscourt / Tennisplatz

Beach / Strand

Viewpoint / Aussichtspunkt

Zoo

Camping / Campingplatz

Parking / Parkplatz, Parkhaus

Youth Hostel / Jugendherberge

Indoor swimming pool, swimming pool / Hallenbad, Freibad

Metro with station / U-Bahnlinie mit Station

Remarkable building / Bemerkenswertes Gebäude

Public building / Öffentliches Gebäude

Green / Grünfläche

Uncovered area / Unbebaute Fläche

Pedestrian zone / Fußgängerzone

MARCO POLO Discovery Tour 1 / MARCO POLO Erlebnistour 1

MARCO POLO Discovery Tours / MARCO POLO Erlebnistouren

1 Marco Polo Highlights

FÜR IHRE NÄCHSTE REISE ...

ALLE **MARCO POLO** REISEFÜHRER

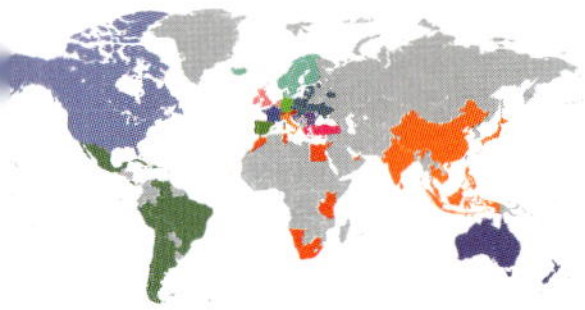

DEUTSCHLAND

Allgäu
Bayerischer Wald
Berlin
Bodensee
Chiemgau/Berchtesgadener Land
Dresden/Sächsische Schweiz
Düsseldorf
Eifel
Erzgebirge/Vogtland
Föhr & Amrum
Franken
Frankfurt
Hamburg
Harz
Heidelberg
Köln
Lausitz/Spreewald/Zittauer Gebirge
Leipzig
Lüneburger Heide/Wendland
Mecklenburgische Seenplatte
Mosel
München
Nordseeküste Schleswig-Holstein
Oberbayern
Ostfriesische Inseln
Ostfriesland/Nordseeküste Niedersachsen/Helgoland
Ostseeküste Mecklenburg-Vorpommern
Ostseeküste Schleswig-Holstein
Pfalz
Potsdam
Rheingau/Wiesbaden
Rügen/Hiddensee/Stralsund
Ruhrgebiet
Schwarzwald
Stuttgart
Sylt
Thüringen
Usedom
Weimar

ÖSTERREICH SCHWEIZ

Kärnten
Österreich
Salzburger Land
Schweiz
Steiermark
Tessin
Tirol
Wien
Zürich

FRANKREICH

Bretagne
Burgund
Côte d'Azur/Monaco
Elsass
Frankreich
Französische Atlantikküste
Korsika
Languedoc-Roussillon
Loire-Tal
Nizza/Antibes/Cannes/Monaco
Normandie
Paris
Provence

ITALIEN MALTA

Apulien
Dolomiten
Elba/Toskanischer Archipel
Emilia-Romagna
Florenz
Gardasee
Golf von Neapel
Ischia
Italien
Italienische Adria
Italien Nord
Italien Süd
Kalabrien
Ligurien/Cinque Terre
Mailand/Lombardei
Malta & Gozo
Oberital. Seen
Piemont/Turin
Rom
Sardinien
Sizilien/Liparische Inseln
Südtirol
Toskana
Venedig
Venetien & Friaul

SPANIEN PORTUGAL

Algarve
Andalusien
Barcelona
Baskenland/Bilbao
Costa Blanca
Costa Brava
Costa del Sol/Granada
Fuerteventura
Gran Canaria
Ibiza/Formentera
Jakobsweg Spanien
La Gomera/El Hierro
Lanzarote
La Palma
Lissabon
Madeira
Madrid
Mallorca
Menorca
Portugal
Spanien
Teneriffa

NORDEUROPA

Bornholm
Dänemark
Finnland
Island
Kopenhagen
Norwegen
Oslo
Schweden
Stockholm
Südschweden

WESTEUROPA BENELUX

Amsterdam
Brüssel
Dublin
Edinburgh
England
Flandern
Irland
Kanalinseln
London
Luxemburg
Niederlande
Niederländische Küste
Schottland
Südengland

OSTEUROPA

Baltikum
Budapest
Danzig
Krakau
Masurische Seen
Moskau
Plattensee
Polen
Polnische Ostseeküste/Danzig
Prag
Slowakei
St. Petersburg
Tallinn
Tschechien
Ungarn
Warschau

SÜDOSTEUROPA

Bulgarien
Bulgarische Schwarzmeerküste
Kroatische Küste Dalmatien
Kroatische Küste Istrien/Kvarner
Montenegro
Rumänien
Slowenien

GRIECHENLAND TÜRKEI ZYPERN

Athen
Chalkidiki/Thessaloniki
Griechenland Festland
Griechische Inseln/Ägäis
Istanbul
Korfu
Kos
Kreta
Peloponnes
Rhodos
Samos
Santorin
Türkei
Türkische Südküste
Türkische Westküste
Zákinthos/Itháki/Kefalloniá/Léfkas
Zypern

NORDAMERIKA

Chicago und die Großen Seen
Florida
Hawai'i
Kalifornien
Kanada
Kanada Ost
Kanada West
Las Vegas
Los Angeles
New York
San Francisco
USA
USA Ost
USA Südstaaten/New Orleans
USA Südwest
USA West
Washington D.C.

MITTEL- UND SÜDAMERIKA

Argentinien
Brasilien
Chile
Costa Rica
Dominikanische Republik
Jamaika
Karibik/Große Antillen
Karibik/Kleine Antillen
Kuba
Mexiko
Peru & Bolivien
Yucatán

AFRIKA UND VORDERER ORIENT

Ägypten
Djerba/Südtunesien
Dubai
Israel
Jordanien
Kapstadt/Wine Lands/Garden Route
Kapverdische Inseln
Kenia
Marokko
Namibia
Rotes Meer & Sinai
Südafrika
Tansania/Sansibar
Tunesien
Vereinigte Arabische Emirate

ASIEN

Bali/Lombok/Gilis
Bangkok
China
Hongkong/Macau
Indien
Indien/Der Süden
Japan
Kambodscha
Ko Samui/Ko Phangan
Krabi/Ko Phi Phi/Ko Lanta
Malaysia
Nepal
Peking
Philippinen
Phuket
Shanghai
Singapur
Sri Lanka
Thailand
Tokio
Vietnam

INDISCHER OZEAN UND PAZIFIK

Australien
Malediven
Mauritius
Neuseeland
Seychellen

Viele MARCO POLO Reiseführer gibt es auch als eBook – und es kommen ständig neue dazu!
Checken Sie das aktuelle Angebot einfach auf: www.marcopolo.de/e-books

REGISTER

In diesem Register sind alle im Reiseführer erwähnten Sehenswürdigkeiten, Museen und Ausflugsziele sowie einige wichtige Persönlichkeiten aufgeführt. Gefettete Seitenzahlen verweisen auf den Haupteintrag.

Aker Brygge 13, 15, 19, 22, **28**, 36, 53, 64, 88
Akerselva (Fluss) 42, **82**
Akershus Festning og Slott 13, **35**, 88
Allemannsretten (Jedermannsrecht) 77
Altstadt (Gamlebyen) 42, **43**
Åmot-Hängebrücke 83
Amundsen, Roald 86
Ankerbrücke 82
Arkitekturmuseet **36**
Astrup Fearnley Museet 13, **29**
Attentate vom 22. Juli 2011 17, **20**, 88
Badeplatz Nydalsdamm 84
Barcode (Finanzviertel) 19, 42
Bischofssitz (Oslo bispegård) 44
Bjørnson, Bjørnstjerne 33
Blå **69**
Blindern 57
Bogstad Gård **90**
Bogstadveien **60**
Botanischer Garten **46**, 81
Brandt, Willy **20**
Bygdøy 33, **85**
Bymuseum (Stadtmuseum) **40**
Christian IV. 35, 36, 37
Christiania 16, 36
Christiania Glasmagasin **62**
Christiania torv **36**
Dansens Hus **65**, 93
DogA Norsk Design- og Arkitektursenster **59**, 82
Dom **33**
Dronningparken 32
Eger 60
Egertorget 63
Ekebergparken 44
Ekebergsletta 49
Emanuel Vigeland Museum **47**
Finanzviertel Barcode 42
Forsvarsmuseet (Militärgeschichtsmuseum) 36
Fram (Schoner) 86
Friedensnobelpreis 38, 93
Frogner **38**, 54, 58, 73, 80
Frogner stadion 39
Frognerbadet 39, 81, 92
Frognerkilen 19
Frognerparken (Frognerpark) **39**, 80, 92
Frognerseter 14, 49
Gamle Rådhus 37
Gamlebyen (Altstadt) 42, **43**
Glaslift Tjuvtitten 30, 87
Gratishaugen 81
Grefsen 77
Gressholmen 90
Grønland 18, **44**, 57, 58, **61**, 68, 81
Grønlands torg 58, 61
Grünerløkka 18, **44**, 53, 57, 59, 63, 65, 69, 75, 76, 82
Haakon VII. 31, 36
Harald V. 23, 28, 31
Henie, Sonja 48
Henie-Onstad-Kunstsenter **47**
Heyerdahl, Thor 86
Hjemmefrontmuseet (Widerstandsmuseum) 36
Holmenkollen 14, 25, 26, **48**, 49, 72, 77, 81, 92
Holmenkollen kapell 49
Homansbyen **40**
Hovedøya 77, 90
Høymagasinet (Stadtmodelle) 36
Huk 33
Hukodden (Strand) 86
Ibsen, Henrik 30, 32
Ibsenmuseet **30**
Internasjonal barnekunstmuseum (Kinderkunstmuseum) **90**
Jazz **22**
Karl Johans gate 22, 28, **30**, 32, 58, 62, 63, 70, 74, 79, 92
Kinderkunstmuseum (Internasjonal barnekunstmuseum) **90**
Kon-Tiki-Museum 86
Kongelige Slott, det **31**, 79
Kontraskjæret 88
Kragstøtten 26
Kuba 83
Kunsthandwerksmarkt (Søndagsmarkedet på Blå) 83
Kunstnerforbundet (Künstlerverband) **60**
Kvadraturen **34**, 42
Langøyene 90
Lille Herbern 86
Mardou & Dean 88
Maritimes Museum (Norsk Maritimt Museum) 86
Marka 13, 24, 25, **49**, 97
Mathallen 61
Maud (Königin) 32, 36
Middelalderparken 44, 92
Militärgeschichtsmuseum (Forsvarsmuseet) 36
Minneparken 44
Mittsommernacht **22**, 92
Monarchie **23**
Munch, Edvard 32, 38, 45
Munchmuseet 15, **45**, 81
Munketårnet (Pulverturm) 36
Museet for Samtidskunst (Museum für zeitgenössische Kunst) **37**
Myhren (Werkstätten) 84
Nasjonalgalleriet 15, **32**
Nationaltheatret **32**
Naturhistorisk Museum **46**
Nedre Foss (unterer Wasserfall) 83
Nobel, Alfred 24, 33
Nobelpreis **24**
Nobels Fredssenter (Nobel-Friedenszentrum) 24, **33**, 88
Norsk Maritimt Museum (Maritimes Museum) 86
Norway Cup 49
Norwegisches Design- und Architekturzentrum **59**, 82
Nydalen 84
Olav V. 36
Onstad, Niels 48
Operahuset (Oper) 13, 15, 42, **46**, **66**, 81, 93
Oscar I. 34
Oslo bispegård (Bischofssitz) 44
Oslo Bymuseum (Stadtmuseum) **40**
Oslo Domkirke **33**
Oslo Rådhus 13, 26, 33, **37**, 88
Oslo Vinterpark 101
Oslofjord 22, 23, 24, 64, 75, 77, 90, 100
Øvre Foss (oberer Wasserfall) 83
Parlament (Stortinget) **34**, 79
Pushwagner (Galerie) 87
Rådhusgata 35, 37
Rådmannsgården 36
Rambergøya 90
Rathaus 13, 26, 33, **37**, 88
Reptilpark **91**
Sankt Hanshaugen **47**
Schloss **31**, 79
Sjølyst Marina 85
Smalgangen 59
Sognsvann (See) 24
Søndagsmarkedet på Blå (Kunsthandwerksmarkt) 83
Sørenga 19
Stadtmuseum (Oslo Bymuseum) **40**
Stallen 88
Stauwehr Nydalsdamm 84
Steen & Strøm Magasin **61**
Stortinget (Parlament) **34**, 79
Stortorvet 37, 62
Straßenbahn (Trikken) **25**
Studenterlunden 15, 28, 32
Sydhaven 19
Tårnhuset (Sankt-Hanshaugen-Park) 47
Teknisk Museum 84, **91**
Telthusbakken 45
Tjuvholmen Skulpturpark 87
Tjuvtitten (Glaslift) 30, 87

Tryvann 18
Tusenfryd (Vergnügungspark) **91**
Tyrifjorden 20
Utøya (Insel) 17, 20
Vannspeilet 44
Vergnügungspark Tusenfryd **91**
Veskantbadet 33
Vigeland, Emanuel 34, 47
Vigeland, Gustav 41, 80
Vigelandmuseet **41**
Vigelandsparken 39, **41**, 80
Vikingskipshuset (Wikingerschiffmuseum) 86
Vippetangen (Anleger) 40, 90
Vulkan 61
Widerstandsmuseum (Hjemmefrontmuseet) 36
Wikingerschiffmuseum (Vikingskipshuset) 86
Youngstorget 62, 64

SCHREIBEN SIE UNS!

Egal, was Ihnen Tolles im Urlaub begegnet oder Ihnen auf der Seele brennt, lassen Sie es uns wissen! Ob Lob, Kritik oder Ihr ganz persönlicher Tipp – die MARCO POLO Redaktion freut sich auf Ihre Infos.
Wir setzen alles dran, Ihnen möglichst aktuelle Informationen mit auf die Reise zu geben. Dennoch schleichen sich manchmal Fehler ein – trotz gründlicher Recherche unserer Autoren/innen. Sie haben sicherlich Verständnis, dass der Verlag dafür keine Haftung übernehmen kann.

MARCO POLO Redaktion
MAIRDUMONT
Postfach 31 51
73751 Ostfildern
info@marcopolo.de

IMPRESSUM
Titelbild: Opernhaus (Laif: I. C. Hendel)
Fotos: R. Freyer (11, 52, 91); Galerie 0047: Espen Røyseland (18 o.); Getty Images: K. Bidstrup (63), DaniloAndjus (3), J. Kadaj (12/13), M. Niemi (10), D. Ryle (92/93); Getty Images/WireImage: N. Waldron (20/21); huber-images: S. Lubenow (5, 46), G. Santoni (75), R. Schmid (9), L. Vaccarella (32, 88/89, 94 u.); T. Hug (1 u., 76); J.-U. Kumpch (1 u.); Laif: M. Galli (25), I. C. Hendel (Klappe l., 1 o., 4 o., 17, 45, 64/65, 92, 106/107), B. Jonkmanns (93), C. Kerber (55), J. Modrow (34, 38, 58/59), S. Multhaupt (2, 30, 41, 42, 48, 60, 66, 95), B. Steinhilber (4 u., 6, 14/15, 50/51, 56 r., 86), Teichmann (90/91), F. Weiss (69, 72); Laif/hemis.fr: S. Descamps (26/27, 78/79), L. Maisant (37); Laif/Le Figaro Magazine: Fautre (70/71); mauritius images: J. Warburton-Lee/C. Sanchez Pereyra (83); mauritius images/Alamy: O. Mathisen (90), G. Ulgjell (19 u.), A. Yu (7, 94 o.); mauritius images/foodcollection (19 o.); mauritius images/robertharding: M. Cristofori (8), K. Gillham (Klappe r.); mauritius images/Westend61: hsimages (18 u.); Moods Of Norway/Cockpit Studio: Eirik Knudsen (18 M.); D. Renckhoff (56 l.); vario images/imagebroker: O. Gutfleisch (23)

4. Auflage 2017
Komplett überarbeitet und neu gestaltet

Chefredaktion: Marion Zorn
Autor: Jens-Uwe Kumpch, Bearbeiter: Thomas Hug, Redaktion: Nadia Al Kureischi
Verlagsredaktion: Stephan Dürr, Lucas Forst-Gill, Susanne Heimburger, Nikolai Michaelis, Martin Silbermann, Kristin Wittemann
Bildredaktion: Gabriele Forst, Anja Schlatterer
Im Trend: wunder media, München;
Kartografie Reiseatlas: DuMont Reisekartographie, Fürstenfeldbruck; © MAIRDUMONT, Ostfildern
Kartografie Faltkarte: DuMont Reisekartographie, Fürstenfeldbruck; © MAIRDUMONT, Ostfildern
Gestaltung Cover, S. 1, S. 2/3, Faltkartencover: Karl Anders – Büro für Visual Stories, Hamburg; Gestaltung innen: milchhof:atelier, Berlin; Gestaltung Erlebnistouren: Susan Chaaban Dipl.-Des. (FH)
Sprachführer: in Zusammenarbeit mit Ernst Klett Sprachen GmbH, Stuttgart, Redaktion PONS Wörterbücher

Printed in China

BLOSS NICHT

Ein paar Dinge, die Sie in Oslo beachten sollten

TRINKEN UND FAHREN

Sind Sie mit dem Wagen auf Oslos Straßen unterwegs, lassen Sie ihn bitte selbst nach der kleinsten Menge Alkohol stehen. Die Blutalkoholgrenze liegt in Norwegen bei 0,2 Promille, die Polizei ist unerbittlich, die Geldbußen sind gigantisch. Bei dem kleinsten Vorfall drohen Ihnen sogar Gefängnisstrafen.

TASCHENDIEBE EINLADEN

Gerade in der Umgebung des Hauptbahnhofs, im unteren Abschnitt von Karl Johan und auf dem Weg in den Frognerpark/Vigelandpark herrscht in den Sommermonaten genug Trubel, dass Taschendiebe leichtes Spiel haben. Lassen Sie auch in Cafés Handys, Geldbörsen und Taschen nicht unbeobachtet liegen.

HANDELN

Oslo ist eine teure Stadt, und sie liegt nicht im Orient. Versuchen Sie gar nicht erst, über einen Preis zu verhandeln, Sie stoßen im besten Fall auf völliges Unverständnis – auch auf Märkten (einzige Ausnahme: Flohmärkte!). Die ausgewiesenen Preise werden bezahlt, so einfach ist das. Deshalb lohnt es sich, die Preise zu vergleichen, denn manche Angebote können selbst im europäischen Vergleich günstig sein.

IN TAXIWARTESCHLANGEN DISKUTIEREN

An Freitagen und Samstagen nach der Polizeistunde, die um 3.30 Uhr schlägt, bilden sich an den Taxihaltestellen oft lange Warteschlangen. Vermeiden Sie es besser, dort zu diskutieren oder sich sogar nach vorne zu drängeln. Immer wieder passiert es, dass die Stimmung unter den ansonsten ruhigen und friedlichen Norwegern bei solchen Vorfällen in Aggression umschlägt und der Abend mit Schlägereien endet. Überlassen Sie diesen „Sport" den Einheimischen.

IN KRITIK EINSTIMMEN

Wenn Sie mit Norwegern und Norwegerinnen ins Gespräch kommen, werden Sie schon bald viel Kritik an deren Heimat zu hören bekommen. An ihrem politischen System finden die Norweger augenscheinlich nicht viel Gutes, und viele meinen auch, das Königshaus sei antiquiert. Beachten Sie bitte: Kritik ist nur gut, solange sie von Landsleuten kommt. Von einem Ausländer verbittet man sich das, und Ihre Zustimmung hier kann peinliches Schweigen verursachen.

IN EIN PIRATENTAXI STEIGEN

Wie alles in Oslo sind auch die Taxis teurer als in anderen europäischen Hauptstädten. Die „Pirattaxis" (Piratentaxis), die an strategisch günstigen Orten der Stadt Ihnen ihre Dienste anbieten, sollten Sie trotz der scheinbar günstigen Festpreise nicht benutzen. Es passiert immer wieder, dass Kunden ausgeraubt oder anderweitig drangsaliert werden.